Sonderanhang zur Grundbuchordnung

für das französisch
und
amerikanisch besetzte Gebiet Württembergs

Dr. Paul Thieme

Landgerichtsrat Prof. **Dr. Baur** in Tübingen.

Sonderanhang zur Grundbuchordnung

von **Dr. Paul Thieme**
Senatspräsident in Celle

für das französisch und amerikanisch besetzte Gebiet Württembergs

von Landgerichtsrat Prof. **Dr. Baur** in Tübingen.

Zusätzliche Abkürzungen.

Württ. ABl. = Amtsblatt des Württembergischen Justizministeriums
Württ. AG.BGB. = Württ. Ausführungsgesetz zum Bürgerlichen Gesetzbuch i. d F. vom 29. Dezember 1931 (RegBl. S. 545)
Württ. GVO. = VO. des Justizministeriums vom 8. Februar 1932 über da Grundbuchwesen (Württ. ABl. 1932 S. 11)
Württ. Z. = Zeitschrift für die freiwillige Gerichtsbarkeit und die Gemeindeverwaltung in Württemberg und Jahrbücher de Württ. Rechtspflege

---

Anmerkung zu § 1 GBO. (Grundbuchamt).

Die Führung der Grundbücher durch die Amtsgerichte ist noch nicht i Kraft getreten (Art. 8 Abs. 1 ÄndVO., § 19 AusfVO.). Damit bleiben die bisherigen württembergischen Bestimmungen in Kraft. Dies bedeutet:

1. In **jeder Gemeinde** besteht ein staatliches Grundbuchamt für die Grundstücke des Gemeindebezirks (Art. 15 Abs. 1 Württ. AG.BGB.). Die Grundbuchämter werden durch Hinzufügung der Namen der Gemeinde bezeichne (§ 1 Württ. GVO.).

Der Grundbuchamtsbezirk deckt sich sonach regelmäßig mit dem Gemeindebezirk (Art. 16 Württ. AG.BGB.). Ausnahmsweise können bei Vereinigung mehrerer selbständiger Gemeinden zu einer Gemeinde besonder Grundbuchämter für die bisher selbständigen Gemeinden eingerichtet werden An die Stelle des Namens der Gemeinde tritt dann die Bezeichnung der Markung (Art. 15 Abs. 2 Württ. AG.BGB, § 1 S. 2 Württ. GVO.).

2. Grundbuchbeamter ist nicht der Amtsrichter, sondern der zuständige Bezirksnotar (Art. 17 Württ. AG.BGB.). Die Amtsgerichtsbezirke sind i mehrere Bezirksnotariate aufgeteilt, so daß ein Bezirksnotar regelmäßig für mehrere Gemeinden zuständig ist (Ausnahmen Städte). Er ist dann in jede Gemeinde seines Bezirks **der** Grundbuchbeamte. Die Grundbuchbeamter sind grundsätzlich als Einzelbeamte tätig (§ 3 Abs. 1 Württ. GVO.). Ausnahmen s. §§ 3, 6 Württ. GVO., Unterstützung durch Gehilfen s. § 5 Württ GVO.

Die Einrichtung der Bezirksnotariate ist auch nach Erlaß der Reichsnotarordnung vom 13. 2. 1937 (RGBl. I S. 191, 1939 S. 918) bestehen geblieben (§ 85 RNO.), damit auch die für sie geltenden Bestimmungen (vgl. insbes Art. 10—97 Württ. AG.BGB., VO. des JM. vom 27. 10. 1932 über die Dienstvorschriften für die Bezirksnotariate, Württ. ABl. S. 321 und 1934 S. 273) Eine Zusammenstellung der amtlichen Geschäfte des Bezirksnotars findet sich in § 4 der VO. vom 27. 10. 1932.

3. Da der Bezirksnotar regelmäßig Grundbuchbeamter in mehreren Gemeinden ist, bedarf er eines ortsansässigen Stellvertreters. Dies ist der Ratschreiber der Gemeinde (s. dazu Erlaß OLG.Präs. Stuttgart Nr. 1 7580 vom

20. 7. 1936 und Bek. d. Württ. InnMin. über die Rechtsstellung des Ratschreibers vom 16. 6. 1936, ABl. Württ. InnMin. 1936 S. 177).

Er **hat** insbesondere in Vertretung des nicht am Sitz des Grundbuchamtes befindlichen Grundbuchbeamten (Art. 18 Abs. 1 Württ. AG.BGB.)

a) die beim Grundbuchamt eingehenden schriftlichen Erklärungen in Empfang zu nehmen und mit der genauen Bezeichnung des Eingangszeitpunkts zu versehen (Art. 18 Abs. 1 Ziff. 1 Württ. AG.BGB.);

b) Einsichtnahme in das Grundbuch zu gestatten, sowie auf Verlangen Abschriften und Auszüge zu erteilen und zu beglaubigen (Einzelheiten s. Art. 18 Abs. 1 Ziff. 2 Württ. AG.BGB.).

Er **kann,** wenn sich das Rechtsgeschäft auf ein in seinem Gemeindebezirk liegendes Grundstück bezieht,

a) Verträge nach § 313 BGB. beurkunden;

b) Auflassungen nach § 925 BGB: entgegennehmen und beurkunden (einschließlich dazugehöriger Eintragungsbewilligungen und Eintragungsanträge — Württ. Z. 1934 S. 163—169 —, jedoch nicht Beurkundung von Löschungsbewilligungen von Belastungen des veräußerten Grundstücks — Württ. Z. 1934 S. 259 —);

c) die nach § 873 Abs. 2 zur Bindung der Beteiligten erforderliche Beurkundung der Erklärungen über die dinglichen Rechte vornehmen, sofern diese Rechte nach dem von ihm beurkundeten Veräußerungsvertrag zu bestellen sind, einschließlich der hierauf gerichteten Anträge und Bewilligungen (vgl. Art. 32 Abs. 1 Württ. AG.BGB, ferner Württ. Z. 1935 S. 177 und S. 317).

Die Vornahme dieser Beurkundungen (a—c) ist in sein Ermessen gestellt (vgl. Hörner Württ. Z. 1932 S. 39). Er kann die Beteiligten an den Grundbuchbeamten verweisen und wird dies zweckmäßigerweise immer dann tun, wenn er nicht die nötige Ausbildung besitzt oder wenn das zu beurkundende Geschäft erhebliche rechtliche oder tatsächliche Schwierigkeiten bietet. Soweit der Ratschreiber als Urkundsbeamter tätig ist, bildet er eine vom Grundbuchamt verschiedene Amtsstelle (über öffentliche Beglaubigungen durch den Ratschreiber vgl. Art. 118 Württ. AG.BGB.).

Form der Niederschrift des Ratschreibers s. Art. 32 Abs. 3 Württ. AG. BGB.

Tätigkeitsverbot s. Art. 32 Abs. 2 mit Art. 27 Abs. 2 Württ. AG.BGB. (s. dazu unten Anm. zu § 11). Über Befugnisse für angrenzende Gebiete vgl. Art. 33 Württ. AG.BGB.

Wenn der Ratschreiber zugleich Ortsvorsteher ist, so kann er auch einen Veräußerungsvertrag beurkunden, bei dem seine eigene Gemeinde beteiligt ist, sofern die Gemeinde durch einen Bevollmächtigten vertreten ist (vgl. Art. 32 Abs. 2 Satz 2, eingefügt durch Gesetz vom 29. 1. 1934, RGBl. 1934 S. 39, Württ. Z. 1941 S. 116).

Über die Befugnisse des Stellvertreters des Ratschreibers vgl. Art. 34 Württ. AG.BGB.

4. Die **Dienstaufsicht** über die Grundbuchämter sowie die Gemeindebehörden und Gemeindebeamten, soweit diese zur Besorgung von Grundbuchgeschäften berufen sind, üben das Amtsgericht, Landgericht, Oberlandesgericht und das Justizministerium aus (Art. 1 Württ. AG.BGB.). Zur wirksamen Gestaltung der Dienstaufsicht sind regelmäßige, eingehende Grundbuchprüfungen vorgeschrieben (Einzelheiten s. §§ 7—9 Württ. GVO.; zu § 8: Nachprüfung der amtsgerichtlichen Prüfungsniederschriften nicht durch die Zivilkammer, sondern den Landgerichtspräsidenten § 14 Abs. 1 Ziff. 3 der VO. zur einheitlichen Regelung der Gerichtsverfassung vom 20. 3. 1935 — RGBl. I S. 403 —, der jedoch die Zivilkammer zur Prüfungstätigkeit heranziehen kann — § 13 a. E. der genannten VO. — Für die Nachprüfung der Vordrucke an Hypotheken-, Grund- und Rentenschuldbriefen ist nunmehr Ziff. 12 der AV. vom 20. 7. 1936 — DJ. S. 1105 — maßgebend).

5. Als **Siegel** und **Stempel** des Grundbuchamtes dient das Siegel und der Stempel des Bezirksnotariats, das die Geschäfte des Grundbuchamts führt (§ 2 Württ. GVO., § 1 AV. vom 25. 2. 1936, DJ. S. 350). **Geschäftsverteilung** § 6 Württ. GVO.

Diensträume: Die Grundbücher werden in den Gemeinden geführt und aufbewahrt (Art. 23 Württ. AG.BGB.). Sie sind gesondert aufzubewahren (§ 10 Württ. GVO.).

Geschäftszeiten: Für das Grundbuchamt am Sitze des Amtsgerichts vgl. § 2 AV. vom 25. 2. 1936 (DJ. S. 350), für die übrigen Grundbuchämter sind regelmäßige Sprechtage des Bezirksnotars in den Gemeinden festzulegen und bekanntzugeben (Art. 24 Württ. AG.BGB.).

Geschäftsregister: Über die Verrichtungen des Grundbuchamtes wird für jedes Kalenderjahr ein Register (Geschäftsregister B) geführt, das im Dienstraum des Grundbuchamtes aufbewahrt wird (Einzelheiten § 26 der VO. des JM. vom 27. 10. 1932 — Württ. ABl. S. 321 — in der Fassung der VO. vom 17. 12. 1934 — Württ. ABl. S. 273 —).

Anmerkung zu § 2 GBO. (Grundbuch).

1. Bei jedem Grundbuchamt wird regelmäßig nur ein Grundbuch geführt, das die sämtlichen Grundstücke des Grundbuchamtsbezirks umfaßt (§ 11 Württ. GVO.). Gemeindebezirk und Grundbuchamtsbezirk decken sich sonach. Änderungen des Gemeindebezirks s. § 12 Württ. GVO. Ausnahmsweise Errichtung mehrerer Grundbuchbezirke innerhalb eines Grundbuchamts s. § 11 Abs. 2 Württ. GVO.

Bestimmung des zuständigen Grundbuchamts bei Streit oder Ungewißheit erfolgt durch das gemeinschaftliche obere Gericht (Art. 21 Württ. AG.BGB. entsprechend § 5 FGG.). Anfechtung der Entscheidung dieses Gerichts nicht möglich (Art. 4 Württ. AG.BGB. in Verbindung mit § 5 FGG.).

Wird das Grundbuch über ein Grundstück von einem unzuständigen Grundbuchamt geführt, so sind die auf das Grundstück sich beziehenden Amtshandlungen dieses Grundbuchamts nicht aus diesem Grunde unwirksam (Art. 22 Württ. AG.BGB.).

Das Grundbuchamt kann bei Geschäften nach §§ 925, 873 Abs. 2 BGB. auch Grundstücke angrenzender Grundbuchamtsbezirke einbeziehen, sofern es sich um ein einheitliches Geschäft desselben Veräußerers handelt (Art. 20 Württ. AG.BGB.). Grundstücke von Frauen und Kindern gelten dabei als Grundstücke **eines** Eigentümers. Für den Ratschreiber s. Art. 33 Württ. AG.BGB.

2. Das Reichskataster ist noch nicht amtliches Verzeichnis der Grundstücke. Die Grundstücke werden daher nach dem **Primärkataster** und seiner Fortführung unter den daselbst aufgeführten, der Bezeichnung selbständiger Katasterparzellen dienender Nummern oder Buchstaben bezeichnet (§ 1 VO. d. Staatsmin. vom 5. 2. 1932 — RegBl. S. 23 —, § 3 der Primärkatasterverfügung in der Fassung der Verfügung vom 4. 6. 1920 — Württ. ABl. 1920 S. 105 —). Es ist Amtspflicht des Grundbuchbeamten, die Übereinstimmung des Primärkatasters und seiner Fortführung mit dem Grundbuch sicherzustellen (§ 47 Württ GVO.). Über die Änderungen der Grundstücksbeschriebe und die Eintragung von Kulturveränderungen auf Grund der neuen Meßurkunden vgl. § 24 Abs. 2 Primärkatasterverfügung (Württ. Z. 1934 S. 226). Über die Eintragung eines infolge einer Feldbereinigung an die Stelle des bisherigen Grundstücks getretenen neuen Grundstücks vgl. Württ. Z. 1938 S. 157.

3. Über den **Begriff des Grundstücks** s. § 13 Württ. GVO.

a) Ein selbständiges Grundstück darf im Grundbuch nur an **einer** Stelle geführt werden (§ 16 Abs. 1 Württ. GVO.). Über Miteigentum bei gemeinschaftlichen **Hofräumen und Einfahrten** vgl. § 16 Abs. 2 Württ. GVO., wobei § 16 Abs. 2 Satz 4 durch § 3 Abs. 3 GBO. ersetzt ist.

b) Bei **Stockwerkseigentum** (Art. 182 EG.BGB., Art. 226—231 Württ. AG.BGB., § 117 GBO., § 72 GBVfg., Mayer Württ. Z. 1932 S. 65) sind die einzelnen Anteile je an besonderer Stelle im Grundbuch einzutragen (§ 17 Württ. GVO.). Über die Rechtslage bei Vereinigung sämtlicher Stockwerksrechte in einer Hand s. Württ. Z. 1938 S. 122.

c) Über die Eintragungen von **Erbbaurechten** (§ 8 GBO., §§ 14—17 ErbbauVO.) s. § 18 Württ. GVO.; über die Eintragung von **Reichsheimstätten** s. § 19 Württ. GVO., §§ 54—63 GBVfg. gelten in Württemberg nicht (vgl. Erl. OLG.-Präs. Stuttgart Nr. I 2324 vom 29. 2. 1936).

d) Selbständige **Nutzungsrechte** (Art. 68, 69, 74 EG.BGB., Art. 232 Württ. AG.BGB.) erhalten auf Antrag und wenn das Recht veräußert oder belastet werden soll, von Amts wegen ein besonderes Grundbuchblatt (§ 20 Württ. GVO., § 117 GBO., § 72 GBVfg.).

e) Über **Bergwerkseigentum** s. § 21 Württ. GVO.

f) Über **Siedlungsrecht** s. für Nordwürttemberg (amerikanische Besatzungszone) Gesetz Nr. 65 zur Beschaffung von Siedlungsland und zur Bodenreform vom 30. 10. 1946 (RegBl. S. 263), VO. Nr. 66 über die Anmeldung land- und forstwirtschaftlichen Grundeigentums vom 11. 1. 1947 (RegBl. S. 2), VO. Nr. 601 zur Ausführung und Ergänzung des Siedlungsgesetzes vom 1. 4. 1947 (RegBl. S. 43), Bekanntmachung des Justizministers über das Vorkaufsrecht gemeinnütziger Siedlungsunternehmungen vom 1. 7. 1947 (ABl. d. Württ.-Bad. JustMin. S. 67).

4. **Register:** Für jeden Grundbuchamtsbezirk ist ein Grundstücks- und ein Eigentümerregister nach amtlichem Muster zu führen (§§ 48, 49 Württ. GVO., Württ. Z. 1938 S. 209).

5. **Abschreibung** („Teilung“) s. dazu § 14 Abs. 1 und 3 der Württ. GVO. Über Vereinigung und Zuschreibung s. unten zu §§ 5, 6 GBO.

6. **Veräußerung von Trennstücken:** Nach Art. 120 EG.BGB. bleiben die landesgesetzlichen Vorschriften in Kraft, nach welchen im Falle der Veräußerung eines Teils eines Grundstücks dieser Teil von den Belastungen des Grundstücks befreit wird, wenn von der zuständigen Behörde festgestellt wird, daß die Rechtsänderung für den Berechtigten unschädlich ist. Die entsprechenden württembergischen Bestimmungen finden sich in Art. 38—51 Württ. AG.BGB. und §§ 91—93 Württ. GVO. (Unschädlichkeitszeugnis).

Anmerkung zu §§ 3 und 4 GBO. (Real- und Personalformular).

Vorbemerkung: Für die Anlegung und Führung des Grundbuchs ist nach dem unten abgedruckten Erlaß des OLG.Präs. Stuttgart Nr. I 2324 vom 29. 2. 1936 bis auf weiteres im Oberlandesgerichtsbezirk Stuttgart die Weiterverwendung der bisher dort geführten Vordrucke zugelassen. Demgemäß sind bis auf weiteres auch neue Grundbuchblätter unter Benutzung der alten Vordrucke anzulegen. Dies bedeutet, daß bis auf weiteres auch die entsprechenden Vorschriften der Württ. GVO. in Kraft bleiben. Soweit allerdings die Vorschriften der GBVfg. nicht mit der Art des Grundbuchvordrucks zusammenhängen und daher allgemein anwendbar sind, liegt es allerdings nahe und ist zu empfehlen, sich bei den Eintragungen schon jetzt nach den neuen Vorschriften zu richten (Württ Z. 1938 S. 209).

1. **Grundbuchblatt.**

a) Gemäß § 22 Württ. GVO. besteht das Grundbuch aus den einzelnen Grundbuchheften, die nach dem Personal- oder Realformular angelegt sein können. Das Grundbuchheft ist als das Grundbuch im Sinne des Bürgerlichen Gesetzbuchs anzusehen.

b) Einzelheiten:

Einteilung der Grundbuchhefte s. § 23 Württ. GVO.

Größe s. § 25 Württ. GVO.

Umschlag § 26 Württ. GVO. (Zusammenfassung zu festen, mehrere Hefte umfassenden Bänden nicht vorgeschrieben — § 66 GBVfg —;

umfangreiche Grundbuchhefte können mit Genehmigung des Amtsgerichts gebunden werden — § 26 Abs. 2 Württ. GVO. —).

Umfang und Seitenzahlen s. §§ 27, 28 Württ. GVO. Jedoch ist § 68 Satz 2 GBVfg. zu beachten, wonach ein Grundbuchheft, das — auch unter Einheftung von Einlagebogen, § 27 Abs. 2 Württ. GVO. — keinen Raum mehr bietet, in jedem Fall umzuschreiben ist, allerdings nicht unter Verwendung des **neuen** Vordrucks (wie § 68 GBVfg. vorschreibt), sondern unter Verwendung des **alten** Vordrucks (siehe Württ. Z. 1938 S. 210).

Schließung eines Grundbuchhefts, wenn sämtliche eingetragenen Grundstücke eines Eigentümers abgeschrieben und neue Eintragungen nicht mehr wahrscheinlich sind (§ 36 Württ GVO.). Geschlossene Grundbuchhefte können für einen anderen Eigentümer wieder eröffnet werden, wenn das geschlossene Heft genügend freien Raum enthält und auch sonst keine Bedenken bestehen, insbesondere keine Verwirrung zu besorgen ist (§ 37 Württ. GVO.) (keine Rötung des Schließungsvermerks — Württ. Z. 1933 S. 1 —). Dabei kann die bisherige Heftnummer weitergeführt werden (Württ. Z. 1937 S. 157). Die Nummern der Spalte 1 in Abteilung I und III sind dabei — wie auch sonst immer — fortlaufend weiterzuführen ohne Rücksicht darauf, ob die vorhergehende Nummer gelöscht ist oder nicht (Württ Z. 1938 S. 177). Es sind jedoch bei Wiedereröffnung neue Grundakten anzulegen. § 37 Abs. 4 Württ. GVO. ist insoweit durch § 32 der Geschäftsordnung für Grundbuchämter überholt (Württ. Z. 1941 S. 146).

c) **Grundbuchhefte des Staats:** s. § 31 Württ. GVO., § 31 Satz 2 Württ. GVO. ist überholt. Zu § 15 GBVfg. vgl. § 34 Abs. 2 Württ. GVO., der sich inhaltlich deckt. Die Eintragung des zur Vertretung des Fiskus Berechtigten findet nicht mehr statt (Württ. Z. 1938 S. 211).

Über die Führung eines **Bahngrundbuchs** s. § 116 Württ. GVO.

2. **Personalformular.**

Gemäß § 29 Württ. GVO. ist das Grundbuch in der Regel nach dem Personalformular zu führen, dies auch dann, wenn der Eigentümer nur **ein** Grundstück besitzt. Das Personalformular ist sonach die Regel, doch ist das Realformular nicht ausgeschlossen (§ 45 Württ. GVO.). Dabei umfaßt das Personalformular **alle** Grundstücke eines Eigentümers innerhalb des Grundbuchbezirks (§ 30 Württ. GVO.); daneben kann nicht für einzelne Grundstücke das Realformular benutzt werden, sofern es sich nicht um bestimmte Arten von Grundstücken handelt (§ 45 Abs 2 Württ. GVO.).

Die §§ 29—44 Württ. GVO. über die Ausgestaltung des Personalformulars sind in Kraft geblieben (s. Erl. d. OLG.Präs. Stuttgart Nr. I 2324 vom 29. 2. 1936).

3. **Realformular:** Es ist Ausnahme und soll nach dem Ermessen des Grundbuchbeamten nur verwendet werden „in Berücksichtigung eines besonderen Bedürfnisses" oder „soweit von der Führung eines gemeinschaftlichen Grundbuchblatts nach dem Personalformular Verwirrung zu besorgen ist" (§ 45 Württ. GVO.).

Einrichtung s. § 46 Württ. GVO.

4. Für Erbhofgrundstücke war ein gemeinschaftliches Grundbuchblatt auch für Grundstücke vorgesehen, die in einem anderen Grundbuchamtsbezirk gelegen waren. Mit Aufhebung der Erbhöfe durch Kontrollratsgesetz Nr. 45 sind diese Grundstücke zu löschen und in das Grundbuch des Grundbuchamtes zu übertragen, in dessen Bezirk die Grundstücke liegen (so für Nordwürttemberg § 2 der VO. Nr. 235 vom 21. 8. 1947, RegBl. 108).

Anmerkung zu §§ 5, 6 GBO. (Vereinigung und Zuschreibung).

1. § 5 GBO. gestattet Vereinigung mehrerer Grundstücke, wenn hiervon Verwirrung nicht zu besorgen ist (vgl. § 890 BGB.). Auf Grund Art. 119 Nr. 3 EG.BGB. kann das Landesrecht Einschränkungen festsetzen. Art. 28

Württ. AG.BGB. verlangt, daß bei Vereinigung und Zuschreibung die inFrage kommenden Grundstücke auf derselben Markung liegen und unmittelbar aneinander grenzen. Diese Bestimmung ist noch in Geltung (Württ. Z. 1938 S. 179).

2. Zu der grundbuchmäßigen Behandlung von Vereinigung und Zuschreibung vgl § 15 Württ. GVO (Württ. Z. 1934 S. 154).

3. Vereinigung oder Zuschreibung ist nur zulässig, wenn die Grundstücke ein und demselben Eigentümer gehören. Etwas anderes gilt, wenn es sich um Eintragungen handelt, die in dieser Form schon im früheren Güterbuch standen und aus diesem in das Grundbuch übertragen sind (Württ. Z. 1938 S. 153).

4. Ob Vereinigung oder Zuschreibung einzutragen ist, ergibt sich in erster Linie aus dem Willen des Antragstellers. Entscheidend ist beim Personalformular die Eintragung in Spalte 9 (Württ. Z. 1934 S. 164).

Anmerkung zu § 9 GBO. (Subjektiv-dingliche Rechte).

Siehe dazu § 39 Abs. 5 Württ. GVO. § 9 Abs. 3 GBO. ist anzuwenden.

Anmerkung zu § 10 GBO. (Grundakten).

1. Die Grundakten werden nicht nach § 10 GBO., § 24 GBVfg. oder der Aktenordnung geführt, sondern nach den bisherigen Vorschriften der §§ 50—53 Württ GVO. Denn erst mit der Anlegung des Grundbuchs nach dem neuen Vordruck gelten auch die neuen Vorschriften über die Grundakten (§ 70 Abs. 1 GBVfg., Erl OLG.Präs. Stuttgart Nr. I 2324 vom 29. 2. 1936). Es gilt daher auch noch die Vorschrift des § 51 Abs. 3 Württ. GVO., wonach einzelne Schriftstücke bis zur Erledigung des Antrags in einem besonderen Umschlag verwahrt werden können und erst mit der Erledigung zu den Grundakten zu bringen sind (Württ. Z. 1935 S. 241).

2. Über die Zulässigkeit der Verweisung auf die Grundakten siehe u. a. §§ 39 Abs. 3 Satz 2, 41 Abs. 2 Satz 3, 43 Abs. 4 Satz 2 und Abs. 7 Württ. GVO. Über das zugelassene Maß hinaus vorgenommene Anführung von Grundakten im Grundbuch ist als unnötig zu beanstanden (Württ Z. 1934 S. 225).

Anmerkung zu § 11 GBO. (Ausschließung des Grundbuchbeamten).

Für die Ausschließung und Ablehnung des Grundbuchbeamten und Ratschreibers ist nicht § 6 FGG und § 4 Abs. 4a AusfVO., sondern Art. 27, 32 Abs. 2 Württ. AG.BGB. maßgebend; § 1 FGG. trifft nicht zu, da die Grundbuchangelegenheiten in Württemberg nicht durch Gesetz den Gerichten übertragen sind (Württ. Z. 1940 S. 114).

Zum Begriff des „Beteiligten" in Art. 32 Abs. 1 Württ. AG.BGB. vgl. Württ. Z. 1935 S. 274; beachte aber auch Art. 27 Abs. 3 Württ. AG.BGB. und dazu Württ. Z. 1935 S. 314.

Die Beglaubigung einer Unterschrift des Ortsvorstehers durch ihn in seiner Eigenschaft als Ratschreiber ist rechtlich ausgeschlossen (Württ. Z. 1941 S. 114).

Anmerkung zu § 12 GBO. (Grundbucheinsicht).

Die Vorschriften des württembergischen Rechts (§§ 54—58 Württ. GVO.) gelten nicht mehr. Es sind anzuwenden statt § 54—58 Württ. GVO. die §§ 12 GBO., 43—46 GBVfg., § 35 der Geschäftsordnung für die Grundbuchämter, statt § 59 Württ GVO. § 17 GeschäftsO.

Anmerkung zu § 13 GBO. (Antrag).

1. Aus der Tatsache, daß in Württemberg in jeder Gemeinde ein Grundbuchamt besteht, das von Grundbuchbeamten in regelmäßigen Abständen aufgesucht wird, sowie daß der Ratschreiber dem Grundbuchbeamten in gewissem Umfang vertritt (s. oben Anm. 3 zu § 1), ergeben sich Besonder-

heiten, die in Art. 26 Württ. AG.BGB. und § 64 Württ. GVO. ihren Niederschlag gefunden haben. Die Anwendung dieser Bestimmungen bedeutet:

a) Maßgebend für den Eingang ist der Zeitpunkt, in dem das Schriftstück in den Diensträumen des Grundbuchamts eingeht (§ 64 Abs. 1 Sa. 2 Württ. GVO.). Dieser Zeitpunkt ist durch den Grundbuchbeamten bzw. den Ratschreiber zu vermerken, § 64 Abs. 1 Satz 2, Abs. 2 Württ. GVO. (wobei **sämtliche** beim Grundbuchamt eingehenden Schriftstücke mit dem Eingangsvermerk zu versehen sind, Württ. Z. 1941 S. 147). § 13 Abs. 1 Satz 3 und 4 GBO., der nicht auf den Eingang in den Diensträumen abstellt, kann nicht angewendet werden, weil sonst der am Sitz des Bezirksnotariats eingereichte Antrag damit auch schon bei dem auswärtigen Grundbuchamt eingegangen wäre; die Reihenfolge der an mehreren Orten (Sitz des Grundbuchamts und des Bezirksnotariats) und zu Händen mehrerer Beamten (Ratsschreiber und Bezirksnotar) eingegangenen Anträge ließe sich überhaupt nicht mehr feststellen (Württ Z. 1940 S. 106).

b) Werden Anträge usw. außerhalb des Sitzes des Grundbuchamts durch den Bezirksnotar oder am Sitze des Grundbuchamts, aber außerhalb der Diensträume des Grundbuchamts durch den Bezirksnotar oder den Ratschreiber entgegengenommen oder zur Niederschrift angebracht, so sind sie alsbald dem Grundbuchamt zwecks Entgegennahme und vorschriftsmäßigen Anbringung des Eingangsvermerks zu übergeben (§ 64 Abs 3 Satz 1 und 3 Württ. GVO.). Eingegangen sind sie wieder erst mit dem Verbringen in die Diensträume des Grundbuchamts (Art. 26 Württ. AG.BGB.).

c) Wird ein Antrag zur Niederschrift des Grundbuchbeamten oder des Ratschreibers im Grundbuchamt aufgenommen, so ist er mit Abschluß der Niederschrift eingegangen (§ 13 Satz 4 GBO.). Dementsprechend ist alsbald der Eingangsvermerk anzubringen (§ 64 Abs. 3 Satz 2 Württ. GVO.).

2. Der Begriff des **Dienstraums** im Sinne des Art. 26 Württ. AG.BGB. ist nicht auf das im Rathaus befindliche Grundbuchamtszimmer zu beschränken, sondern auch auf Räume des Rathauses zu beziehen, in denen jeweils ordentlicherweise die grundbuchamtlichen Geschäfte besorgt werden (Württ. Z. 1935 S. 315).

3. Der Ratschreiber ist verpflichtet, die in Abwesenheit des Grundbuchbeamten eingegangenen Anträge usw. dem Grundbuchbeamten bei der nächsten Anwesenheit am Sitze des Grundbuchamtes zu übermitteln (§ 67 Abs. 1 Württ. GVO.), in dringenden Fällen Benachrichtigungspflicht gemäß § 67 Abs. 2 Württ. GVO.

4. Über die **Form** des Antrags vgl. § 30 GBO. in Verbindung mit §§ 60, 61 Württ. GVO., dazu Württ. Z. 1938 S. 155.

Anmerkung zu § 15 GBO. (Antragsrecht des Notars).

Die Bezirksnotare sind regelmäßig gleichzeitig öffentliche Notare (Art. 12 Abs. 3, Art. 95 Württ. AG.BGB). Da der Bezirksnotar von der Ermächtigung des § 15 GBO. im Rahmen seiner Amtspflichten Gebrauch macht (§ 27 Abs. 3 Württ. AG.BGB.), ist er von der Ausübung seines Amts als Grundbuchbeamter nach § 27 Abs. 1 Ziff. 4 nicht ausgeschlossen.

Für die übrigen öffentlichen Notare in Württemberg gelten nunmehr die Bestimmungen der Reichsnotarordnung vom 13. 2. 1937.

Anmerkung zu § 18 GBO. (Zwischenverfügung).

1. Umfang der Prüfung eines Eintragungsantrags vgl. § 68 Württ. GVO.

2. Regelmäßig keine Beschaffung der Eintragungsunterlagen von Amts wegen, aber Beratung und Unterstützung der Beteiligten (§ 70 Württ. GVO.). Dazu § 50 Abs. 2 NachlVO., wonach sich der Bezirksnotar in seiner Eigenschaft als Vorsitzender des Nachlaßgerichts um die anläßlich einer Nachlaßauseinandersetzung beim Grundbuchamt einzureichende Anträge zu kümmern hat

(Württ. Z. 1935 S. 314). Über die Beurkundungsbefugnisse des Nachlaßgerichts vgl. Württ. Z. 1938 S. 242.

3. Zwischenverfügung: vgl. auch § 69 Württ. GVO., der die Möglichkeit einer angemessenen Verlängerung der gesetzten Frist vorsieht.

4. Eintragungsverfügung s. § 71 Württ. GVO., § 2 AusfVO.

5. Ob eine Genehmigung für eine Auflassung oder Belastung nach Kontrollratsgesetz Nr. 45 erforderlich ist, wird durch eine Bescheinigung der Genehmigungsbehörde nachgewiesen (so für Nordwürttemberg § 10 der VO. Nr. 166 vom 16. 7. 1947, RegBl. 63).

Anmerkung zu § 20 GBO. (Auflassung).

Über Auflassung vor dem Ratsschreiber s. Art. 32 Abs. 1 Ziff. 2 Württ. AG.BGB., über Auflassung vor dem Nachlaßgericht s. Art. 37 Württ. AG.BGB. Da in Württemberg noch der alte Grundbuchvordruck zu verwenden ist, gelten auch die Bestimmungen der §§ 80, 81 Württ. GVO. (Übertragung von Grundstücken beim Personalformular, sei es einzelner — § 80 —, sei es mehrerer — § 81 —) und des § 82 Württ. GVO. (Grundstücksübertragung beim Realformular).

Anmerkung zu § 22 GBO.:

Das Rückerstattungsgesetz (die folgenden Ausführungen sind der Einheitlichkeit halber aus dem Sonderanhang Hessen von Herrn Dr. Eise übernommen, sofern sie sich auf Nordwürttemberg beziehen).

Der 2. Weltkrieg wirkte sich in seinen Folgen revolutionierend auch auf das Grundbuchwesen aus. Neue Rechtsinstitute entstanden, Sperren, Sperrvermerke, Anfechtung, Beschlagnahme, Rückerstattungsansprüche usw. beherrschen die Tätigkeit der Grundbuchämter und Notare. Zum Teil handelt es sich bei diesen Sperren um absolute Verfügungsbeschränkungen, die also an sich nicht eintragungsfähig sind, aber auf Ersuchen der MR. eingetragen werden müssen, zum Teil um Vormerkungen für künftigen Erwerb oder um Widersprüche gegen den Inhalt des durch den Krieg und sonstige politischen Ereignisse unrichtig gewordenen Grundbuchs, im letzteren Fall also nach § 894 BGB. um eine Berichtigung des Grundbuchs. Eintragungsvoraussetzung ist in diesen Fällen weder ein Antrag, noch eine Berichtigungsbewilligung der Betroffenen, ebensowenig ein Unrichtigkeitsnachweis. Grundlage der Eintragung bildet lediglich das Ersuchen einer Behörde (§ 38 GBO.). Es bedarf auch nicht der Zustimmung des eingetragenen Eigentümers oder sonstiger Berechtigter, noch der Vorlegung von Briefen oder anderer Urkunden. Besonders wichtig ist in dieser Hinsicht das MRG. Nr. 59 über die **Rückerstattung feststellbarer Vermögensgegenstände** vom 10. 11. 1947 (RegBl. der MilReg. 1948 S. 1).

1. **Allgemeines.** a) Das Gesetz, in Kraft seit 10. 11. 1947, gilt nur in den Ländern der Am. Zone. Es sieht, soweit feststellbar, die Rückerstattung von Grundstücken, Geschäftsunternehmungen, Wertpapieren, Mobiliar usw. vor, die aus Gründen der Rasse, Religion oder politischen Gegnerschaft verfolgten Personen in der Zeit vom 30. 1. 1933 bis 8. 5. 1945 entzogen wurden. Es unterscheidet in A. 2 **schwere** und **einfache** Entziehung. Erstere liegt vor, wenn der Gegenstand durch Rechtsgeschäft gegen die guten Sitten, durch Drohung oder sonstige unerlaubte Handlung dem Inhaber unfreiwillig verloren ging. Letztere ist gegeben, wenn der Inhaber den Gegenstand durch Staatsakt (Zwangsvollstreckung) oder Mißbrauch eines Staatsakts, durch Maßnahmen der Partei, ihrer Gliederungen oder angeschlossenen Verbände einbüßte. Bei schwerer Entziehung tritt die strengere Haftung des A. 30, bei einfacher Entziehung die gemilderte des A. 31 ein. Die einfache Entziehung durch Staatsakt oder Mißbrauch eines Staatsakts ist in den Fällen des Erwerbs zwischen dem 15. 9. 1935 (Nürnberger Gesetze) und 8. 5. 1945 durch Gewährung eines **Anfechtungsrechts** privilegiert (A. 4).

b) Es handelt sich also im wesentlichen um ehemals **jüdischen** Grundbesitz, wenn er weiterveräußert war oder wenn dem jetzigen Besitzer die Tatsache des früheren jüdischen Besitzes nicht bekannt war. Guter Glaube schützt ihn also nicht (A. 7).

c) Für die Anmeldung sind drei Fristen gesetzt: 15. 5. 1948 für RErstPFl., 31. 12. 1948 für den RErstBer. (beide Meldungen nach Formular beim Zentral-Meldeamt Bad Nauheim) und 30. 6. 1949 für den Antrag der Staatsanwaltschaft in den Fällen des § 1936 BGB. (Fiskus als Erbe) zugunsten einer von der Besatzungsbehörde zu bestimmenden Nachfolgeorganisation des Fiskus (A. 10).

d) Wiedergutmachungs**organe** sind die WGM.-**Behörden,** die WGM.-**Kammern** und das **Beschwerdegericht.**

2. **Anfechtung, Sperrvermerk und Widerspruch.**

Ein „Anfechtungsrecht" haben nach A. 4 in erster Linie Juden, die unter den Nürnberger Gesetzen ihren Grundbesitz durch die Zwangslage, in der sich ihre Glaubensgenossen befanden, verloren. Die Anfechtung braucht nicht ausdrücklich zu geschehen; es genügt die Anmeldung des RErstAnspruchs in Bad Nauheim (A. 4, 5). Auf Grund dieser Mitteilung **hat** die WGM.-Beh. die Eintragung eines **Sperrvermerks** (sog. RErstVermerk) im Grundbuch zu veranlassen (A. 61, 4). Dieser Vermerk, der in der Regel einen Anspruch auf dingliche Rechtsänderung sichern wird, wirkt aber gegen jeden Dritten, hat also nicht bloß (was nicht brauchte ausgesprochen zu werden) die Rechtsnatur einer Vormerkung nach §§ 883, 888 BGB. Zwar ist auch für seine Eintragung keine Eintragungsbewilligung erforderlich, ebensowenig wie nach GBO. 18, 2, auch kein Antrag — also ein weiterer Fall der Eintragung ohne Bewilligungszwang (s. oben 19). Auch der Gläubiger des zu sichernden Anspruchs braucht nicht eingetragen zu werden; es genügt in Abt. II der Vermerk: „RErst. angemeldet, eingetragen auf Ersuchen usw." Der Gesetzgeber vermeidet auch, was nahegelegen hatte, im A. 28 den Ausdruck Vormerkung, während er den „Widerspruch" da ausdrücklich erwähnt. Bis zum Zeitpunkt der Eintragung sind die Rechtsgeschäfte gültig geblieben. Das folgt schon aus A. 28, der die Hypothekenschuldner in ihrem guten Glauben schützt, die ihre Zinsen an den RErstPFl. zahlten, bevor ihnen die Anmeldung bekanntgegeben worden war oder bevor der RErstAnspruch oder ein Widerspruch eingetragen ist. Das gleiche folgt aus dem englischen (allerdings nicht amtlichen) Text des A. 2, 4, wonach die WGM.-Organe im Widerspruch zum WGM. Ges. stehend Entscheidungen disregard, d. h. nicht beachten sollen; sie sind also weder „void" = nichtig, noch „null and void" absolut nichtig (vgl. dagegen A. 4, 4 voided transaction = angefochtenes Rechtsgeschäft = entzogenes Vermögen). Die Geschäfte bzw. Eintragungen sind daher **schwebend unwirksam.** Sie sind bzw. bleiben somit gültig, vor allem u. a. in folgenden Fällen:

a) wenn keine Anmeldung erfolgte,

b) wenn die Voraussetzungen des A. 16, 2 — Hauptfall Einigung der Beteiligten — vorliegen,

c) unter den Voraussetzungen der A. 5, 6 und 18 (Schenkungen, Verwahrungs- und Treuhandverhältnisse, Zwangsenteignung für öffentliche Zwecke, oder unter den Voraussetzungen

d) des 6. Abschnitts (Fortbestand der Rechte). Nach A. 42 ist namentlich die Kündigung eines Mietverhältnisses erst nach einer für die Zukunft wirkenden Entscheidung über die genannten Rechtsverhältnisse zulässig, also bis dahin **schwebende Unwirksamkeit.**

e) Nach A. 52 sind in allen Fällen, „wenn ein Bedürfnis besteht", ganz gallgemein Sicherungsmaßregeln der WGM.-Organe zugelassen, also Sperrvermerk, Widerspruch, Arrest, einstweilige Verfügung, sei es im Auftrag oder von Amts wegen. Besteht daher **kein Bedürfnis,** bleibt das Geschäft insolange gültig.

Führt die schwebende Unwirksamkeit durch die Eintragung derartiger Vermerke außer in den vorgenannten und sonstigen gesetzlich geregelten Fällen, gemäß A. 15 rückwirkende Auflösung der früheren Rechtsgeschäfte und zur **Nichtigkeit** der zugehörigen **Eintragungen** oder liegen die Fälle der A. 38 (Übergang von Rechten aus Belastungen mit Judenvermögensabgabe, Reichsfluchtsteuer usw.) oder A. 40 vor (Übergang von auf jüdischen Grundstücken bestellten Hypotheken), so wird das Grundbuch durch diese außerhalb erfolgten Rechtsänderungen ohne weiteren Nachweis unrichtig, so daß es nach § 22 GBO. berichtigt werden muß. Da nun nach A. 15 erst die endgültige, dem Rechtsanspruch stattgebende Entscheidung die Wirkung hat, daß der Verlust des Gegenstandes als nicht eingetreten und später erworbene Rechte Dritter als nicht erworben gelten, und daß die Entscheidung für und gegen alle Personen wirkt, die am Verfahren teilgenommen haben oder zur Teilnahme berechtigt waren und hierzu vorschriftsmäßig aufgefordert wurden, so erhellt daraus, daß in vielen Fällen der frühere Rechtsvorgang unbeanstandet bestehen bleiben wird, während in zahlreichen anderen die schwebende Nichtigkeit sich in eine vollkommene verwandeln wird.

Es handelt sich daher bei diesem Sperrvermerk des A. 61, 4 und A. 4, 5 um ein prozeßrechtliches Institut sui generis, sei es zu dem der Vormerkung ähnlichen Zweck einer dinglichen Rechtsänderung, sei es zum Zweck der Berichtigung der durch die Eintragung des Sperrvermerks nach A. 15 rückwärts für nichtig erklärten Eintragung.

3. Neben diesen von den WGM.-Organen auf Antrag oder von Amts wegen so bewirkenden Sperren und Eintragungen stehen die Mittel des BGB. und der ZPO., da das RErstG. die Tätigkeit der ordentlichen, Verwaltungs- oder sonstiger Gerichte nach A. 60 nicht ausschließt. Insbesondere bleiben, da das Gesetz ein Schutzgesetz im Sinne der §§ 823, 826 BGB. ist, die Klagen aus unerlaubter Handlung unberührt; sie fallen nicht unter RErstG. In diesen Prozessen stehen der Anwendung von Vormerkungen und Widersprüchen auf Grund von Arresten und einstweiligen Verfügungen keine Bedenken entgegen (A. 57).

4. Zu den Eintragungen im Grundbuch zur Durchführung des RErstG. ist die **Allgemeine Genehmigung** Nr. 2 auf Grund der AVO. Nr. 1 zum Gesetz Nr. 2 der MR. erteilt (GVBl. 1947 S. 243).

Für das **französisch besetzte Gebiet von Württemberg** gilt folgende Regelung:

Durch VO. Nr. 120 über die Rückerstattung geraubter Vermögensobjekte vom 10. 11. 1947 (Journal Officiel Nr. 119 vom 14. 11. 1947, dazu Rotberg, DRZ. 1948, 37) hat das französische Oberkommando in Deutschland eine in den Grundzügen dem MRG. 59 der amerikanischen Militärregierung entsprechende Regelung getroffen. Die VO. ist allerdings erheblich knapper gefaßt und enthält keine grundbuchrechtlichen Bestimmungen. Dies bedeutet, daß — vorbehaltlich einer etwa noch ergehenden Durchführungsbestimmung — die allgemeinen Grundsätze des BGB. und der GBO. gelten; sonach:

1. Stellt das Gericht gemäß Art. 1 der VO. die Nichtigkeit einer dinglichen Verfügung über Grundstücksrechte fest oder erklärt es eine solche Verfügung für nichtig, so ist kraft Gesetzes (Art. 5) der ursprüngliche Rechtszustand wieder herzustellen. Dies erfolgt im Wege der Grundbuchberichtigung (§ 894 BGB.). Zwischenzeitliche Belastungen jeglicher Art sind zu löschen (Art. 5 Satz 2 vgl. aber Art. 8). Die Eintragungen erfolgen auf Antrag des Berechtigten oder in entsprechender Anwendung der §§ 38, 22 GBO. auf Ersuchen des Gerichts („Restitutionskammer“ genannt), das die rechtskräftige Entscheidung getroffen hat.

2. Eine vorläufige Sicherung erfolgt durch Eintragung eines Widerspruchs auf Antrag des Berechtigten. Bezeichnung als „Vormerkung“ ist unschädlich.

Anmerkung zu § 25 GBO. (Vormerkungen und Widersprüche).

1. Über die Eintragungsstelle von Vormerkungen und Widersprüchen vgl. § 44 Württ. GVO. Zu beachten ist § 44 Abs. 4. Württ.GVO., wonach bei jeder

Eintragung einer Vormerkung oder eines Widerspruchs anzugeben ist, zu wessen Gunsten sie erfolgt.

Über die Genehmigung von Auflassungen nach dem Kontrollratsgesetz Nr. 45 vgl. für Nordwürttemberg II. Abschnitt der VO. Nr. 166 vom 16. 7. 1947 (RegBl. 63).

2. Vgl. zu der Frage der Zulässigkeit der Eintragung von auf Gesetz oder gerichtlicher Anordnung beruhenden Verfügungsbeschränkungen im allgemeinen § 75 Württ. GVO.: Sie werden eingetragen, wenn sie **entweder** zugunsten einer bestimmten Person wirken und damit zu ihrer Wirksamkeit im Hinblick auf den öffentlichen Glauben des Grundbuchs der Eintragung bedürfen **oder** wenn die Eintragung ausdrücklich vorgeschrieben oder zugelassen ist.

Verfügungsbeschränkungen, die sich aus dem ehelichen Güterrecht oder der elterlichen Nutznießung ergeben, werden nicht in das Grundbuch eingetragen (§ 75 Abs. 2 Württ. GVO.).

Anmerkung zu § 26 GBO. (Grundpfandrechte).

Über die Eintragung in Abt. III vgl. §§ 42, 43, insbesondere § 43 Abs. 5 Württ. GVO.

Über die Genehmigung von Belastungenn nach dem Kontrollratsgesetz Nr. 45 für Nordwürttemberg vgl. II. Abschnitt der VO. Nr. 166 vom 16. 7. 1947 (RegBl. 63).

Anmerkung zu § 29 GBO. (Form).

1. Für den reinen Antrag genügt Schriftform (§ 60 Württ. GVO.).

2. Über die Aufnahme von Niederschriften s. § 61 Württ. GVO.

3. Hinsichtlich der Erklärungen und Ersuchen öffentlicher Behörden gilt jetzt § 29 Abs. 3 GBO. Wenn die Form des § 29 Abs. 3 GBO. erfüllt ist, ist nach § 63 Württ. GVO. keine Beglaubigung notwendig.

Anmerkung zu § 44 GBO. (Form der Eintragung).

1. Über Umfang der Prüfung und Form der Eintragungsverfügung Anm. 1 und 4 zu § 18 GBO.

2. Grundsätzlich ist — abgesehen von den Verweisungen auf dem Titel und den tatsächlichen Angaben in den Spalten 1—5 der Abt. I — jede Eintragung unter Beisetzung von Tag, Monat und Jahr des Vollzugs mit dem Familiennamen des Grundbuchbeamten zu unterzeichnen (§ 72 Württ. GVO., Württ. Z. 1940 S. 106).

3. Über die äußere Form der Eintragungen vgl. § 73 Württ. GVO. Über die Zulassung von Stempeln entscheidet das Justizministerium.

4. Bezeichnung des Berechtigten vgl. §§ 74, 34 Württ. GVO.

Anmerkung zu § 45 GBO. (Rang).

1. Über den Eingang der Anträge vgl. Anm. 1 zu oben § 13 GBO.

2. § 78 Württ. GVO. stellt klar, daß die erforderlichen Angaben über das **Rangverhältnis** mehrere Rechte, mit denen ein Grundstück belastet ist, bei **jedem** der in Betracht kommenden Rechte einzutragen ist. Vgl. auch § 40 Abs. 4 Württ. GVO., Württ. Z. 1938 S. 122.

3. Über die Eintragung eines **Rangvorbehalts** im Grundbuch vgl. § 79 Württ. GVO.

Anmerkung zu § 46 GBO. (Löschung).

Siehe hierzu § 77 Württ. GVO. Wenn infolge der Löschung einer Hypothek oder eines Rangvorbehálts die in Beziehung auf diese Rechte an anderer Stelle eingetragenen Rangvermerke gegenstandslos werden, so bestehen keine Bedenken dagegen, im Zusammenhang mit der Löschung der Rechte selbst auch die damit zusammenhängenden Rangvermerke rot zu unterstreichen. Wird eine Belastung jedoch in der Form gelöscht, daß bei der Übertragung des Grundstücks das belastende Recht nicht mit übertragen wird, so ist das Verlangen, daß die Löschung daneben noch in Abt. III Spalte 9 beurkundet wird, nicht begründet (Württ. Z. 1934 S. 193).

2. Bei **Eigentumsaufgabe** s. § 83 Württ. GVO. Sämtliche herrenlosen Grundstücke eines Grundbuchbezirks sind in ein nach dem Realformular zu führendes Grundbuchheft einzutragen.

Anmerkung zu § 47 GBO. (mehrere Berechtigte).

Siehe hierzu § 35 Württ. GVO., dessen Absatz 1 Satz 1 mit § 47 GBO. übereinstimmt.

Anmerkung zu § 48 GBO. (Mitbelastung).

1. Die Mitbelastungsvermerke in Abt. II sind in Spalte 1 einzutragen, und zwar bei Grundstücken desselben Grundbuchhefts nach der laufenden Nummer, bei anderen Grundstücken unter Anführung der Parzellennummer und, falls die Grundstücke auswärts liegen, unter Angabe auch des Grundbuchamts. Sind verschiedene Grundbuchämter beteiligt, so haben sie sich gegenseitig die Eintragungen der Belastungen mitzuteilen (§ 41 Abs. 3 Württ. GVO.).

2. Über Mitbelastungsvermerke in Abt. III vgl. § 43 Abs. 3 Württ. GVO.

3. Über die Zulässigkeit der Verweisung auf Mitbelastungsvermerke vgl. Württ. Z. 1938 S. 125. Über die Rechtslage, wenn von mehreren mit einer Gesamthypothek belasteten Grundstücken ein Teil in ein anderes Heft übertragen wird, s. Württ. Z. 1938 S. 178.

Anmerkung zu § 49 GBO. (Altenteil).

Siehe hierzu § 41 Abs. 2 Satz 2 Württ. GVO. Das Leibgedinge ist kein bestimmtes dingliches Recht im Sinne des BGB., sondern nur die durch § 49 GBO. zugelassene zusammenfassende Bezeichnung der jeweils vereinbarten dinglichen Rechte. Daher ist unzulässig die Eintragung: „Reallast bestehend in Leibgedingsrecht und Wohnungsrecht" (Württ. Z. 1933 S. 113 und S. 199).

Anmerkung zu §§ 51, 52 GBO. (Nacherbfolge).

Siehe hierzu § 40 Abs. 1 Württ. GVO.

Anmerkung zu § 53 GBO. (Amtswiderspruch).

Über die Eintragung des Widerspruchs im Grundbuch siehe allgemein § 44 Württ. GVO. und Anmerkung zu § 25 GBO.

Über die Eintragung eines Amtswiderspruchs bei nicht genehmigten Veräußerungen und Belastungen landwirtschaftlicher Grundstücke für Nordwürttemberg vgl. § 12 der VO. Nr. 166 vom 16. 7. 1947 (RegBl. 63).

Anmerkung zu § 54 GBO. (Öffentliche Lasten).

Vgl. dazu den inhaltsgleichen § 40 Abs. 2 Württ. GVO.

Anmerkung zu § 55 GBO. (Bekanntmachung).

Neben den §§ 39—42 GBVfg., § 33 Abs. 2a der Geschäftsordnung für die Grundbuchämter gelten weiter die Artikel 29 Württ. AG.BGB. und §§ 98, 100 und 101 Württ. GVO., da diese nicht den **Inhalt** der Bekanntmachung, sondern lediglich die **Art und Weise** der Ausführung der Bekanntmachung regeln. Dagegen dürfte § 99 Württ. GVO. durch die §§ 39—42 GBVfg. aufgehoben sein.

Anmerkung zu §§ 56—70 GBO. (Hypotheken- usw. Briefe).

Die §§ 56—70 GBO. heben die §§ 102—114 Württ. GVO. und Art. 31 Württ. AG.BGB. auf. Für die Ausstellung, Ergänzung und Unbrauchbarmachung von Hypotheken-, Grundschuld- und Rentenschuldbriefen gelten nunmehr neben dem 3. Abschnitt der Grundbuchordnung ausschließlich die §§ 47—53 GBVfg. Auch alte Hypothekenbriefe sind daher nach § 53 GBVfg. unbrauchbar zu machen (Württ. Z. 1940 S. 108).

Anmerkung zu §§ 71—81 GBO. (Beschwerde).

Da in Württemberg die Grundbuchämter nicht durch die Amtsgerichte geführt werden, ist die Abänderung einer Entscheidung eines Grundbuchamtes zunächst bei dem dienstaufsichtsführenden Amtsgericht nachzusuchen (Art. 2 Württ. AG.BGB.). Gegen die Entscheidung des Amtsgerichts ist dann Beschwerde möglich. Die Beschränkung des § 71 Abs. 2 GBO. (keine Beschwerde gegen Eintragung) wird jedoch auch schon für die Entscheidung des Amtsgerichts gelten (über die Zulässigkeit der Beschwerde in Nordwürttemberg — amerikanisches Besatzungsgebiet — vgl. Gesetz Nr. 27a — Rechtsmittelgesetz — in der Fassung der Bekanntmachung vom 9. 10. 1946 — RegBl. S. 244 — § 4).

Anmerkung zu §§ 84—89 GBO. (Löschung gegenstandsloser Eintragungen).

Diese Bestimmungen haben die Art. 52—55, 57, 59 und 60 Württ. AG.BB. und die §§ 84—85 Württ. GVO. aufgehoben. Lediglich die Art. 56 und 58 Württ. AG.BGB., die das Verfahren entsprechend den Besonderheiten der württembergischen Grundbuchverfassung regeln, dürften noch gültig sein (anderer Ansicht wohl Württ. Z. 1938 S. 156).

Anmerkung zu § 90 GBO. (Unübersichtliche Grundbücher).

1. Voraussetzungen: § 28 GBVfg. (Unübersichtlichkeit), dagegen nicht § 23 GBVfg., weil die Verwendung von Einlagebogen noch zulässig ist (s. oben Anmerkung zu §§ 3 und 4 GBO.). § 94 Württ. GVO. ist durch § 28 GBVfg. überholt.

2. Maßnahmen des Grundbuchbeamten vor Ausführung der Umschreibung vgl. § 29 GBVfg. § 95 Abs. 1 Württ. GVO. ist dadurch aufgehoben.

3. Für die Anlegung des neuen Blattes gelten nicht §§ 30—33 GBVfg., sondern §§ 95 Abs. 2—4, 96, 97 Württ. GVO., da ja noch der alte Vordruck zu verwenden ist.

Anmerkung zu § 118 GBO. (Grundstücksgleiche Rechte).

Wenn für ein vererbliches und übertragbares Nutzungsrecht im Sinne des Art. 232 Württ. AG.BGB. auf Grund des § 118 Abs. 2 GBO. ein besonderes Grundbuchblatt angelegt wird, so setzt dies unter allen Umständen die vorherige Eintragung dieses Rechts auf den belasteten Grundstücken voraus (Württ. Z. 1940 S. 142).

Siehe auch Anm. 3d zu oben § 2.

Anmerkung zu §§ 119—121 GBO. (Bisherige Bücher).

Entsprechend § 119 GBO. bestimmt § 2 der Verordnung des Staatsministerium zur Ausführung der Grundbuchordnung vom 5. 2. 1932 (RegBl. S. 23) hinsichtlich der Eintragung in ein früher geführtes Unterpfand- und Servitutenbuch, daß diese als Teile des Grundbuchs gelten, soweit im Grundbuch auf sie verwiesen ist. Die Eintragungen können mit Genehmigung des Amtsgerichts unter Beschränkung auf die noch gültigen Teile der Eintragungen in die entsprechenden Abteilungen des Grundbuchs umgeschrieben werden (§ 3 der genannten Verordnung).

Bei Eintragungen, die auf diese Weise aus früherer Zeit übernommen werden, ist es unerheblich, ob sie in ihrer äußeren Form dem Bürgerlichen Gesetzbuch oder der Grundbuchordnung entsprechen oder nicht (Württ. Z. 1938 S. 128).

Anmerkung zu § 122 GBO.

§ 122 GBO. und §§ 7—16 AusfVO. setzen die entsprechenden §§ 5—10 der Verordnung des Staatsministeriums zur Ausführung der Grundbuchordnung vom 5. 2. 1932 und § 86 Württ. GVO. außer Kraft.

Anmerkung zu § 123 GBO. (Zerstörte Grundbücher).

§ 123 GBO. und die Verordnung vom 26. 7. 1940 (RGBl. I S. 1048) heben die §§ 11—37 der Verordnung des Staatsministeriums vom 5. 2. 1932 (RegBl. S. 23) auf.

Anlage 1.

Ausführungsgesetz zum Bürgerlichen Gesetzbuch und zu anderen Reichsjustizgesetzen.

Vom 29. Dezember 1931 (RegBl. 1931 S. 545).

Freiwillige Gerichtsbarkeit.

Erster Abschnitt.

Ordentliche Gerichte.

I. Dienstaufsicht.

Art. 1. Die Behörden und Beamten der freiwilligen Gerichtsbarkeit einschließlich der Standesämter stehen unter der Dienstaufsicht der Amtsgerichte, der Landgerichte und des Oberlandesgerichts. Diesen Gerichten liegt die Dienstaufsicht auch insoweit ob, als Gemeindebehörden und Gemeindebeamte zur Besorgung von Angelegenheiten der freiwilligen Gerichtsbarkeit berufen sind.

An oberster Stelle übt das Justizministerium die Dienstaufsicht aus.

II. Allgemeine Zuständigkeit der Amtsgerichte.

Abänderungsgesuch.

Art. 2. Die Abänderung der Entscheidung eines Grundbuchamts oder eines ordentlichen Vormundschafts- oder Nachlaßgerichts ist bei dem Amtsgericht nachzusuchen, das die Dienstaufsicht über die entscheidende Behörde führt.

Art. 3. . . . . . .

III. Verfahren.

Allgemeine Verfahrensvorschriften.

Art. 4. Auf Angelegenheiten der freiwilligen Gerichtsbarkeit, die nach Landesrecht den Gerichten übertragen sind, finden, soweit sich nicht im einzelnen etwas anderes ergibt, die allgemeinen Vorschriften des Reichsgesetzes über die Angelegenheiten der freiwilligen Gerichtsbarkeit entsprechende Anwendung.

Art. 5—9. . . . . . .

Zweiter Abschnitt.

Bezirksnotariate.

Notariatsbezirke.

Art. 10. In jedem Amtsgerichtsbezirk besteht mindestens ein Bezirksnotariat.

Das Justizministerium ist ermächtigt, einem Bezirksnotariat auch Gemeinden eines anderen Amtsgerichtsbezirks zuzuteilen.

Besetzung der Bezirksnotariate.

Art. 11. Die Bezirksnotariate werden mit einem oder mehreren Beamten besetzt. Soweit diese nicht Bezirksnotariate sind, müssen sie zur Versehung des Amts eines Bezirksnotars befähigt sein.

Sind es mehrere Beamte, so ist jeder zu sämtlichen Amtshandlungen eines Bezirksnotars befugt.

Geschäftskreis.

Art. 12. Der Bezirksnotar ist kraft seines Amtes verpflichtet, innerhalb seines Bezirks die Geschäfte des Grundbuchamts, des Vormundschaftsgerichts und des Nachlaßgerichts zu übernehmen. Außerdem hat er die ihm auf Grund sonstiger Vorschriften obliegenden Geschäfte zu erledigen.

Dem Bezirksnotar und seinen Hilfskräften ist untersagt, Geschäfte, zu deren Besorgung sie kraft ihres Amtes verpflichtet sind, zur Privatbesorgung zu übernehmen.

Der Bezirksnotar ist zugleich öffentlicher Notar gemäß den Vorschriften der Art. 95 bis 97.

Gehilfen.

Art. 13. Zur selbständigen Bearbeitung von Geschäften können von dem Bezirksnotar mit Genehmigung des Justizministeriums Gehilfen angenommen oder ihm vom Justizministerium zugeteilt werden.

Der Gehilfe muß zur Versehung des Amtes eines Bezirksnotars befähigt sein. Von diesem Erfordernis kann das Justizministerium befreien, wenn der Gehilfe die erste Höhere Justizdienstprüfung bestanden hat.

Zur Vertretung des Bezirksnotars bei Verrichtungen, zu deren Besorgung er kraft seines Amtes verpflichtet ist, bedarf der Gehilfe der Ermächtigung des Justizministeriums. Für Verrichtungen des Vormundschafts- und Nachlaßgerichts soll diese nur ausnahmsweise erteilt werden. Ausfertigungen und Abschriften kann der Gehilfe ohne besondere Ermächtigung erteilen.

Für Geschäfte eines angenommenen Gehilfen haftet der Bezirksnotar neben diesem wie für eigene Geschäfte.

Gebührenbezug.

Art. 14. Der Bezirksnotar ist zum Gebührenbezug nur insoweit berechtigt, als dies ausdrücklich bestimmt ist (vgl. Art. 96).

Dritter Abschnitt.

Grundbuchwesen.

I. Grundbuchamt.

1. Örtliche Grundbuchämter.

Einrichtung nach Gemeinden.

Art. 15. In jeder Gemeinde besteht ein staatliches Grundbuchamt für die Grundstücke des Gemeindebezirks.

Bei Vereinigung mehrerer selbständiger Gemeinden kann das Staatsministerium für einzelne Teile der vergrößerten Gemeinde besondere Grundbuchämter einrichten.

Grundbuchamtsbezirk.

Art. 16. Grundbuchamtsbezirk ist, vorbehaltlich einer besonderen Regelung nach Art. 15 Abs. 2, der Gemeindebezirk, bei zusammengesetzten Gemeinden der Gesamtgemeindebezirk.

2. Grundbuchbeamter und seine Vertretung.

Bezirksnotar als Grundbuchbeamter.

Art. 17. Grundbuchbeamter ist der zuständige Bezirksnotar.

Ratsschreiber als Stellvertreter.

Art. 18. In Vertretung des nicht am Sitz des Grundbuchamts befindlichen Grundbuchbeamten ist der Ratsschreiber der Gemeinde verpflichtet:

1. die bei dem Grundbuchamt eingehenden schriftlichen Erklärungen in

Empfang zu nehmen und mit der genauen Bezeichnung des Zeitpunkts, in dem sie bei dem Grundbuchamt eingegangen sind, zu versehen,

2. die Einsicht des Grundbuchs, der darin in bezug genommenen Urkunden und der noch nicht erledigten Eintragungsanträge nach den hierüber bestehenden Vorschriften zu gestatten, sowie auf Verlangen Abschriften und Auszüge zu erteilen und zu beglaubigen.

Ist die Stelle des Ratsschreibers erledigt oder der Ratsschreiber an der Versehung seines Amtes verhindert, so liegen diese Verrichtungen seinem Stellvertreter ob. Auf ihn finden die für den Ratsschreiber geltenden Vorschriften Anwendung.

Beratung des Ratsschreibers.

Art. 19. Die Grundbuchbeamten haben die Ratsschreiber bei ihrer Tätigkeit in den Fällen der Art. 18, 32, 33 durch geeignete Ratschläge zu unterstützen, auf Anstände hinzuweisen und nötigenfalls hiewegen dem Amtsgericht zu berichten. Bei Meinungsverschiedenheiten kann das vorgesetzte Amtsgericht angerufen werden.

3. Zuständigkeit.

Zuständigkeit für angrenzende Bezirke.

Art. 20. Umfaßt ein einheitliches Geschäft desselben Veräußerers neben Grundstücken, die im Bezirk des Grundbuchamts liegen, auch Grundstücke angrenzender Grundbuchamtsbezirke, die zum württembergischen Staatsgebiet gehören, so ist das Grundbuchamt auch bei diesen Grundstücken zuständig, die Auflassung nach § 925 BGB. entgegenzunehmen und diese sowie die Einigung nach § 873 Abs. 2 BGB. zu beurkunden.

Grundstücke von Ehegatten und Kindern gelten dabei als Grundstücke eines Eigentümers.

Bestimmung des zuständigen Grundbuchamts.

Art. 21. Besteht Streit oder Ungewißheit darüber, welches von mehreren Grundbuchämtern zuständig ist, so wird das zuständige Grundbuchamt durch das gemeinschaftliche obere Gericht bestimmt.

Mangelnde Zuständigkeit.

Art. 22. Wird das Grundbuch über ein Grundstück von einem unzuständigen Grundbuchamt geführt, so sind die auf das Grundstück sich beziehenden Amtshandlungen dieses Grundbuchamts nicht aus diesem Grund unwirksam.

4. Ort und Zeit der Tätigkeit.

Diensträume.

Art. 23. Die Grundbücher werden in den Gemeinden geführt und aufbewahrt.

Die Gemeinden sind verpflichtet, die erforderlichen Diensträume nebst Bedienung, Einrichtung, Heizung und Beleuchtung zur Verfügung zu stellen. Hierfür erhalten die Gemeinden eine Entschädigung aus der Staatskasse, deren Höhe durch Verordnung des Staatsministeriums bestimmt wird. Besondere Vereinbarungen bleiben vorbehalten.

Geschäftszeiten.

Art. 24. Der Grundbuchbeamte hat zur Erledigung der Geschäfte die Gemeinden außerhalb seines Wohnsitzes an regelmäßig wiederkehrenden, im voraus festgesetzten und bekanntgegebenen Tagen zu besuchen. Änderungen in den ordentlichen Besuchszeiten sowie außerordentliche Besuche, die durch dringende Geschäfte notwendig werden, sind, soweit tunlich, dem Ortsvorsteher vorher rechtzeitig mitzuteilen.

5. Eingreifen des Amtsgerichts.

Art. 25. Das in Art. 2 bezeichnete Amtsgericht wird ermächtigt, von Amts wegen das Grundbuchamt zu einer nach § 53 GBO. zulässigen Eintragung anzuhalten.

II. Grundbuchgeschäfte.

Eingang.

Art. 26. Werden Anträge und sonstige Erklärungen außerhalb der Diensträume des Grundbuchamts bei dem Grundbuchbeamten oder dem ihn vertretenden Ratsschreiber schriftlich oder zur Niederschrift des Grundbuchbeamten angebracht, so sind sie beim Grundbuchamt in dem Zeitpunkt eingegangen, in dem sie in die Diensträume des Grundbuchamts verbracht werden. Soweit es sich um Anträge handelt, sind sie daher unverzüglich an das Grundbuchamt zu übersenden und dort mit der genauen Bezeichnung des Zeitpunkts, in dem sie bei dem Grundbuchamt eingehen, zu versehen.

Befangenheit.

Art. 27. Ein Grundbuchbeamter kann sich der Ausübung seines Amts wegen Befangenheit enthalten. Die Ablehnung eines Grundbuchbeamten ist ausgeschlossen.

Der Grundbuchbeamte hat sich einer amtlichen Tätigkeit, insbesondere einer Eintragung zu enthalten:
1. in Sachen, in denen er selbst beteiligt ist oder in denen er zu einem Beteiligten in dem Verhältnis eines Mitberechtigten oder Mitverpflichteten steht;
2. in Sachen seines Ehegatten, auch wenn die Ehe nicht mehr besteht;
3. in Sachen einer Person, mit der er in gerader Linie oder im zweiten Grade der Seitenlinie verwandt oder verschwägert ist;
4. in Sachen, in denen er als Vertreter eines Beteiligten bestellt oder als gesetzlicher Vertreter eines Beteiligten aufzutreten berechtigt ist.

Die Vorschrift des Abs. 2 Ziffer 4 gilt nicht, wenn der bestellte Vertreter die Vertretung kraft einer amtlichen Pflicht übernommen hat.

Diese Vorschriften gelten auch für den Amtsrichter bei Entscheidungen nach Art. 2 und 25.

Vereinigung, Zuschreibung.

Art. 28. Vereinigung und Zuschreibung (§ 890 Abs. 1 und 2 BGB.) soll nur zugelassen werden, wenn die Grundstücke auf derselben Markung liegen und unmittelbar aneinander grenzen.

Bekanntmachung von Entscheidungen.

Art. 29. Einem anwesenden Beteiligten wird eine ergehende Entscheidung niederschriftlich bekanntgemacht. Auf Verlangen ist ihm eine Abschrift zu erteilen.

Im übrigen bestimmt das Justizministerium die Art der Bekanntmachung.

Art. 30. . . . . . . (aufgehoben durch § 2 der Verordnung vom 11. Mai 1934 — RGBl. I S. 378 —).

Art. 31. . . . . . . (überholt durch § 61 Abs. 1 GBO.).

III. Beurkundung und Auflassung durch Ratsschreiber und Nachlaßgericht.

Beurkundung und Auflassung durch Ratsschreiber.

Art. 32. Der Ratsschreiber einer Gemeinde ist, wenn sich das Rechtsgeschäft auf ein in seinem Gemeindebezirk liegendes Grundstück bezieht, befugt:
1. den in § 313 BGB. bezeichneten Veräußerungsvertrag zu beurkunden,
2. die Auflassung im Falle des § 925 BGB. unter Anwendung des Art. 30 entgegenzunehmen und zu beurkunden,
3. die nach § 873 Abs. 2 BGB. zur Bindung der Beteiligten erforderliche

Beurkundung der Erklärungen über die dinglichen Rechte vorzunehmen, die nach dem von ihm beurkundeten Veräußerungsvertrag zu bestellen sind, einschließlich der hierauf gerichteten Bewilligungen und Anträge.

In den Fällen der §§ 170, 171 des Reichsgesetzes über die Angelegenheiten der freiwilligen Gerichtsbarkeit kann der Ratsschreiber bei der Beurkundung des Veräußerungsvertrags nicht mitwirken. Ist der Ratsschreiber zugleich Ortsvorsteher, so kann er einen Veräußerungsvertrag, bei dem die Gemeinde beteiligt ist, auch beurkunden, wenn die Gemeinde hierbei durch einen vom Ortsvorsteher bestellten Bevollmächtigten vertreten wird. Auf die Auflassung vor dem Ratsschreiber findet Art. 27 Abs. 2 Ziff. 1—3 und 4 1. Fall Anwendung.

Die vom Ratsschreiber bei Beurkundungen nach Abs. 1 aufzunehmende Niederschrift hat den Ort und Tag der Verhandlung, die Bezeichnung der Beteiligten und der bei der Verhandlung mitwirkenden Personen und die Erklärung der Beteiligten zu enthalten und muß vorgelesen, von den Beteiligten genehmigt und von ihnen, sowie den mitwirkenden Personen unterschrieben werden.

Kann nach der Überzeugung des Ratsschreibers ein Beteiligter nicht schreiben, so genügt die Beisetzung seines Handzeichens. Bei Versteigerungen sollen die an ihr Gebot gebundenen Bieter und Meistbietende die Niederschrift unterschreiben.

Bis zur Ausfolge der von ihm aufgenommenen Niederschrift hat der Ratsschreiber für deren Verwahrung zu sorgen.

Befugnis für angrenzende Bezirke.

Art. 33. Der Ratsschreiber ist befugt, die in Art. 32 Abs. 1 genannten Beurkundungen und Auflassungen auch dann vorzunehmen, wenn ein einheitliches Geschäft desselben Veräußerers neben Grundstücken, die im Gemeindebezirk des Ratsschreibers liegen, auch Grundstücke angrenzender Grundbuchamtsbezirke umfaßt, die zum württembergischen Staatsgebiet gehören.

Grundstücke von Ehegatten und Kindern gelten dabei als Grundstücke eines Eigentümers.

Stellvertreter des Ratsschreibers.

Art. 34. Ist die Stelle des Ratsschreibers erledigt oder der Ratsschreiber an der Versehung seines Amts verhindert, so stehen die Befugnisse des Art. 32 und 33 dem Stellvertreter zu, sofern er eine der höheren oder mittleren Dienstprüfungen in den Verwaltungen der Justiz oder des Innern abgelegt hat. Trifft dies nicht zu, so können dem Stellvertreter diese Befugnisse von dem vorgesetzten Amtsgericht übertragen werden; vor der Entscheidung hat das Amtsgericht den Gemeinderat zu hören. Gegen die Versagung steht dem Stellvertreter und dem Gemeinderat eine einmalige Beschwerde an die Zivilkammer des Landgerichts zu.

Entziehung der Beurkundungsbefugnisse.

Art. 35. Einem Ratsschreiber oder einem Stellvertreter sind die Befugnisse des Art. 32 Abs. 1 nach Anhörung des Gemeinderats durch die Dienstaufsichtsbehörden dann zu entziehen, wenn er die erforderliche Eignung nicht besitzt.

Gegen einen solchen Beschluß des Amtsgerichts oder Landesgerichts steht dem Ratsschreiber die einmalige Beschwerde an das nächsthöhere Gericht zu. Die Beschwerde ist bei Verlust des Rechtsmittels binnen zwei Wochen nach Eröffnung des Beschlusses bei dem verfügenden oder dem Beschwerdegericht durch Einreichung einer Beschwerdeschrift oder zur Niederschrift der Geschäftsstelle zu erheben.

Mehrere Ratsschreiber.

Art. 36. Vermittelt das Nachlaßgericht die Auseinandersetzung eines Nachlasses oder einer beendigten ehelichen oder fortgesetzten Gütergemeinschaft und soll dabei einer der Beteiligten als Eigentümer oder Erbbauberechtigter an einem zum Nachlaß oder zu der Gütergemeinschaft gehörenden, in Württemberg gelegenen Grundstück eingetragen werden, so kann die zur Übertragung des Eigentums oder des Erbbaurechts erforderliche Einigung der Beteiligten vor dem Nachlaßgericht erklärt werden. Auf das Zeugnis des Nachlaßgerichts finden alsdann die Vorschriften der §§ 37, 38 GBO. entsprechende Anwendung.

Wenn in Verbindung mit einer Auseinandersetzung Grundstücke des überlebenden Ehegatten oder von Kindern Gegenstand des Auseinandersetzungsvertrags werden, so ist das Nachlaßgericht auch für diese Grundstücke zur Entgegennahme und Beurkundung der Auflassung zuständig.

IV. Unschädlichkeitszeugnis.

1. Allgemeines.

Befreiungswirkung.

Art. 38. Wenn ein Teil eines Grundstücks veräußert wird, so wird dieser Teil (Trennstück) von den Belastungen des Grundstücks ohne Einwilligung der Berechtigten insoweit befreit, als von dem Grundbuchamt festgestellt wird, daß die Rechtsänderung für die Berechtigten unschädlich ist (Unschädlichkeitszeugnis).

Zur Aufhebung eines Rechts, das dem jeweiligen Eigentümer eines Grundstücks an einem andern Grundstück zusteht, ist die Zustimmung derjenigen, zu deren Gunsten das Grundstück des Berechtigten belastet ist, dann nicht erforderlich, wenn die in Abs. 1 bezeichnete Behörde ein Unschädlichkeitszeugnis erteilt. Die Art. 39 bis 51 sind entsprechend anzuwenden.

Auf Belastungen des öffentlichen Rechts erstreckt sich das Unschädlichkeitszeugnis nicht.

Voraussetzung.

Art. 39. Die Unschädlichkeit darf nur festgestellt werden, wenn das Trennstück an sich und im Verhältnis zum ganzen Grundstück von geringem Umfang und geringem Wert ist. Dabei sind, sofern sich die Belastung des Trennstücks zugleich auf andere Grundstücke erstreckt, auch diese Grundstücke in Betracht zu ziehen.

Ausgleichung.

Art. 40. Ist zu besorgen, daß durch die lastenfreie Abtrennung des Grundstückteils für die Berechtigten ein Nachteil entsteht, so darf das Unschädlichkeitszeugnis nur erteilt werden, wenn der Nachteil durch eine Geldleistung, durch entsprechende Belastung eines andern Grundstücks oder durch eine sonstige Rechtsänderung ausgeglichen wird.

Abtretung zu öffentlichen Zwecken.

Art. 41. Wird das Trennstück zu einem öffentlichen Zweck abgetreten, so wird auf die durch die Veräußerung entstehende Wertminderung die Werterhöhung angerechnet, die sich aus der dem öffentlichen Zweck dienenden Anlage für den übrigen Teil des Grundstücks ergibt; diese Anrechnung ist nur zulässig, wenn zur Zeit der Feststellung der Unschädlichkeit mit der Ausführung der Anlage begonnen ist.

2. Verfahren bei Erteilung des Zeugnisses.

Antrag.

Art. 42. Das Unschädlichkeitszeugnis wird auf Antrag erteilt. Zu dem Antrag ist der Eigentümer des Trennstücks berechtigt.

Der Antragsteller hat die Belastungen zu bezeichnen, von denen das Trennstück befreit werden soll, und die Voraussetzungen für die Feststellung der Unschädlichkeit darzutun.

Ermittlungen.

Art. 43. Die zuständige Behörde hat von Amts wegen die zur Feststellung der Tatsachen erforderlichen Ermittlungen anzustellen.

Inhalt des Beschlusses.

Art. 44. Der Beschluß ist zu begründen. Wird das Zeugnis erteilt, so muß er das Trennstück und die wegfallenden Belastungen bezeichnen, im Falle einer Ausgleichung auch diese festsetzen.

Besteht die Ausgleichung in einer Geldleistung, so ist deren Betrag anzugeben. Für Hypotheken, Grundschulden, Rentenschulden und Reallasten ist er in einer Summe, für andere Belastungen gesondert festzusetzen. Zugleich ist anzuordnen, daß der Antragsteller den Betrag beim Amtsgericht mit der Maßgabe zu hinterlegen hat, daß die Rücknahme nur mit Ermächtigung der beschließenden Behörde stattfinden darf.

Besteht die Ausgleichung in der Belastung eines andern Grundstücks, so ist anzugeben, welche Rechte dieser Belastung vorgehen dürfen. Ist bei Abtretung eines Grundstücks zu einem öffentlichen Zweck die damit verbundene Werterhöhung anzurechnen, so ist in dem Zeugnis ausdrücklich festzustellen, daß mit der Ausführung der Anlage begonnen ist.

Zustellung.

Art. 45. Der Beschluß ist dem Antragsteller und im Falle der Befreiung von Belastungen auch denjenigen zuzustellen, von deren Rechten das Trennstück befreit werden soll.

Beschwerde.

Art. 46. Gegen die Entscheidung des Amtsgerichts findet die sofortige Beschwerde, gegen die Entscheidung des Grundbuchamts innerhalb einer Frist von zwei Wochen das Abänderungsgesuch an das Amtsgericht statt.

Die Entscheidung wird erst mit der Rechtskraft wirksam.

3. Grundbuchmäßige Wirkung.

Eintragungen im Grundbuch.

Art. 47. Ist in dem Zeugnis keine Ausgleichung festgesetzt, so können die Eintragungen auf Grund des Zeugnisses, wenn das Eigentum an dem Trennstück schon vorher auf den Erwerber übertragen worden war, sofort, andernfalls mit dem Übergang dieses Eigentums vorgenommen werden.

Ist eine Ausgleichung festgesetzt, so dürfen die Eintragungen nicht vor der Leistung der Ausgleichung, im Falle der Ausgleichung durch Geldleistung erst nach der Hinterlegung des festgesetzten Betrags vorgenommen werden.

Briefvermerk.

Art. 48. Ist über eine an dem Grundstück bestehende Hypothek, Grundschuld oder Rentenschuld ein Brief erteilt oder ist eine Hypothek an dem Grundstück für die Forderung aus einer Schuldverschreibung auf den Inhaber, aus einem Wechsel oder aus einem anderen Papier, das durch Indossament übertragen werden kann, bestellt, so ist zu einer Eintragung auf Grund des Unschädlichkeitszeugnisses die Vorlegung des Briefes oder der Urkunde nicht erforderlich.

Das Grundbuchamt kann den Besitzer des Briefes oder der Urkunde zur nachträglichen Vorlegung anhalten. Im Falle der Vorlegung ist die Eintragung auf dem Briefe oder der Urkunde zu vermerken.

4. Ausbezahlung des Ausgleichungsbetrags.

Ausbezahlung des hinterlegten Betrags.

Art. 49. Der hinterlegte Betrag darf an die Berechtigten erst ausbezahlt werden, wenn das Trennstück lastenfrei abgeschrieben ist oder die Belastungen gelöscht sind.

Sind als Ausgleichung für einzelne Belastungen Teilbeträge der hinterlegten Summe festgesetzt, so sind diese unter den Voraussetzungen des Abs. 1 an die Berechtigten auf Kosten des Antragstellers auszubezahlen. Soweit auf die Ausbezahlung verzichtet wird, ist der Hinterleger von der beschließenden Behörde zur Rücknahme zu ermächtigen.

Bei Hypotheken, Grundschulden, Rentenschulden und Reallasten tritt der Ausgleichungsbetrag an die Stelle des Trennstücks. Für die Ausbezahlung sind die Art. 50 und 51 maßgebend.

Verzicht.

Art. 50. Verzichten sämtliche Berechtigte auf ihre Rechte an dem hinterlegten Ausgleichungsbetrage, so ist der Hinterleger von der beschließenden Behörde zur Rücknahme zu ermächtigen.

Beträgt die hinterlegte Summe nicht mehr als einhundert Reichsmark, so hat die beschließende Behörde die Berechtigten aufzufordern, binnen der Frist von einem Monat zu erklären, ob sie die Verteilung des hinterlegten Betrags verlangen, und ihnen zu eröffnen, daß die Unterlassung einer Erklärung innerhalb der Frist als Verzicht auf den hinterlegten Betrag angesehen werde.

Soweit nur einzelne Berechtigte verzichten oder als verzichtend anzusehen sind, werden diese bei der Verteilung nicht berücksichtigt.

Verteilungsverfahren.

Art. 51. Auf die Verteilung der hinterlegten Geldsumme finden die für die Verteilung des Erlöses im Falle der Zwangsversteigerung von Grundstücken geltenden Vorschriften entsprechende Anwendung, soweit sich nicht aus den nachstehenden Bestimmungen Abweichungen ergeben:

1. Das Grundbuchamt soll, soweit nicht besondere Hindernisse entgegenstehen, vor dem Verteilungstermin einen vorläufigen Teilungsplan anfertigen, der den Beteiligten mit der Terminsbestimmung zuzustellen ist.

2. Sind die Personen der Berechtigten und ihr Aufenthalt bekannt, so kann das Grundbuchamt vor der Anberaumung eines Verteilungstermins den Beteiligten den Verteilungsplan mit der Aufforderung zustellen, binnen einer Frist von einem Monat zu erklären, ob sie dem Plan widersprechen; zugleich ist den Beteiligten zu eröffnen, daß die Unterlassung eines Widerspruchs innerhalb der Frist als Zustimmung zur Ausführung des Plans zu gelten hätte. Wird kein Widerspruch erhoben, so ist der Teilungsplan auszuführen. Erfolgt Widerspruch, so ist ein Termin zur Verteilung anzuberaumen.

3. Das Grundbuchamt kann schon vor der Terminsbestimmung die Berechtigten auffordern, binnen zwei Wochen eine Berechnung ihrer Ansprüche einzureichen.

4. Bei der Verteilung ist der Hauptanspruch vor den Kosten und Nebenleistungen zu berücksichtigen.

5. Die Kosten des Verteilungsverfahrens fallen dem Antragsteller des Art. 42 Abs. 1 zur Last.

In einfachen Fällen kann das Grundbuchamt den Teilungsplan mit dem Beschluß über Erteilung des Unschädlichkeitszeugnisses verbinden.

V. Löschung gegenstandsloser Eintragungen.

Art. 52—55.
Art. 57, 59 und 60 (aufgehoben durch §§ 84ff. GBO.).

Zuständigkeit.

Art. 56. Für das Löschungsverfahren ist das Grundbuchamt zuständig. An die Stelle des Grundbuchamts tritt das Amtsgericht, wenn nach Art. 54 Satz 2 die Entscheidung des Amtsgerichts angerufen wird oder wenn der Beschluß, durch den die Gegenstandslosigkeit der Eintragung festgestellt wird, öffentlich zuzustellen ist oder wenn das Grundbuchamt die Abnahme eines Eides oder die Entgegennahme einer eidesstattlichen Versicherung für erforderlich hält. Eine Entscheidung des Amtsgerichts kann nicht aus dem Grunde angefochten werden, weil das Grundbuchamt zuständig gewesen wäre.

Anfechtung.

Art. 58. Gegen den Feststellungsbeschluß des Grundbuchamts findet innerhalb der Frist von zwei Wochen seit der Zustellung des Beschlusses an den Betroffenen das Abänderungsgesuch an das Amtsgericht unter entsprechender Anwendung der §§ 71 Abs. 2, 73 bis 77 GBO. statt. Gegen die entsprechenden Entscheidungen des Amtsgerichts ist innerhalb derselben Frist die Beschwerde (§ 71 GBO.) sowie die weitere Beschwerde (§ 78 GBO.) zulässig. Das Grundbuchamt, das Amtsgericht und das Beschwerdegericht können in besonderen Fällen in ihrer Entscheidung eine längere Anfechtungsfrist bestimmen.

Öffentliche Beglaubigungen durch Ortsvorsteher und Ratsschreiber.

Art. 118. Die Ortsvorsteher und Ratsschreiber sind für die öffentliche Beglaubigung einer Unterschrift entsprechend den Vorschriften des § 183 Abs. 1 und 2 des Reichsgesetzes über die Angelegenheiten der freiwilligen Gerichtsbarkeit zuständig.

Wenn die Stelle des Ortsvorstehers oder Ratsschreibers erledigt oder der Ortsvorsteher oder Ratsschreiber an der Versehung seines Amtes verhindert ist, so sind die nach der Gemeindeordnung berufenen Amtsverweser und Stellvertreter zuständig.

Schätzung und Vermögensverzeichnisse. Schätzung von Grundstücken.

Art. 119. Auf Antrag von Beteiligten oder auf Ersuchen von Behörden sind die Gemeinderäte zur amtlichen Schätzung des Werts von Grundstücken und grundstücksgleichen Rechten ihres Gemeindebezirks, von Nutzungen solcher Grundstücke und von Rechten an solchen Grundstücken verpflichtet, wenn es sich um Grundbuchsachen, um Zwangsvollstreckungen in Grundstücke und Berechtigungen, die den Grundstücken gleichgestellt sind, oder um Nachlaß- und Teilungssachen handelt. In sonstigen Fällen sind die Gemeinderäte auf Ansuchen hierzu berechtigt.

In großen und mittleren Städten sowie in Gemeinden erster und zweiter Klasse können entsprechend den Bestimmungen der Gemeindeordnung durch Gemeindesatzung für die Schätzung von Grundstücken besondere Abteilungen gebildet werden, die aus wenigstens drei Mitgliedern einschließlich des Vorsitzenden bestehen. Gegen die Gemeindesatzung kann das Landgericht Einspruch erheben.

Zu der Schätzung können besondere Sachverständige zugezogen werden; bei der Schätzung von Erbbaurechten ist in der Regel ein Sachverständiger zuzuziehen. Die Zuziehung der Sachverständigen erfolgt auf Kosten der Beteiligten, wenn diese damit einverstanden sind oder wenn das Amtsgericht die Genehmigung erteilt oder wenn es sich um ein Erbbaurecht handelt.

Anlage 2.

Verordnung des Staatsministeriums zur Ausführung der Grundbuchordnung vom 5. Februar 1932.

(RegBl. 1932 S. 23.)

I. Bezeichnung der Grundstücke.

§ 1. Die Grundstücke werden nach dem Primärkataster und seiner Fortführung unter den daselbst aufgeführten, der Bezeichnung selbständiger Katasterparzellen dienenden Nummern oder Buchstaben bezeichnet.

II. Unterpfandsbuch. Servitutenbuch.

Eintragungen im Unterpfandsbuch und Servitutenbuch.

§ 2. Soweit im Grundbuch auf Eintragungen in einem früher geführten Unterpfandsbuch und Servitutenbuch verwiesen ist, gelten diese Eintragungen als Teile des Grundbuchs.

Umschreibung in das Grundbuch.

§ 3. Die Eintragungen im bisherigen Unterpfandsbuch und Servitutenbuch können mit Genehmigung des Amtsgerichts unter Beschränkung auf die noch gültigen Teile der Eintragungen in die entsprechenden Abteilungen des Grundbuchs umgeschrieben werden.

III. Befreite Grundstücke.

§ 4. . . . . . . (aufgehoben durch § 3 Abs. II GBO.).

IV. Nachträgliche Eintragung von Grundstücken.

§§ 5—10. . . . . . . (aufgehoben durch §§ 7—16 AusfVO. zur GBO.).

V. Wiederherstellung zerstörter Grundbücher.

§§ 11—37. . . . . . . (aufgehoben durch VO. vom 26. 7. 1940 — RGBl. I S. 1048 —).

VI. Schlußbestimmungen.

§ 38. Diese Verordnung tritt am 1. April 1932 in Kraft. Gleichzeitig wird die Kgl. Verordnung betreffend das Grundbuchwesen vom 30. Juli 1899 (RegBl. S. 540) einschließlich der diese ändernden Verordnungen vom 8. Mai 1906 (RegBl. S. 131) und vom 19. November 1909 (RegBl. S. 341) aufgehoben.

Anlage 3.

Verordnung des Justizministeriums vom 8. Februar 1932 über das Grundbuchwesen.

Zur Ausführung der Vorschriften über das Grundbuchwesen, insbesondere der §§ 1 Abs. 2, 93—97 der Grundbuchordnung wird folgendes angeordnet:

I. Grundbuchamt.

1. Bezeichnung.

§ 1. Die Grundbuchämter werden durch Hinzufügung der Namen der Gemeinden bezeichnet. Sind innerhalb eines Gemeindebezirks für einzelne Markungen besondere Grundbuchämter errichtet, so tritt an die Stelle des Namens der Gemeinde die Bezeichnung der Markung.

2. Dienstsiegel und Dienststempel.

§ 2. (1) Als Siegel und Stempel des Grundbuchamts dient das Siegel und der Stempel des Bezirksnotariats, das die Geschäfte des Grundbuchamts führt. Soweit der Ratsschreiber in Vertretung des Grundbuchbeamten einen Stempel benötigt, bedient er sich des Gemeindestempels. (Vgl. die Verfügung vom 11. Dezember 1922, Amtsbl. S. 309.)

(2) Ausfertigungen, Abschriften, Auszüge und Zeugnisse der Grundbuchämter sollen auch insoweit, als dies gesetzlich nicht vorgeschrieben ist, mit Stempel und Siegel versehen werden. Dies gilt nicht für unbeglaubigte Abschriften.

(3) Für die Anbringung von Siegeln empfiehlt sich statt Siegellack die Verwendung von Oblaten. Auch kann die Benutzung von Siegelpressen gestattet werden.

3. Besetzung.

Mehrere Beamte.

§ 3. (1) Die Grundbuchbeamten sind als Einzelbeamte tätig.

(2) Ist ein Grundbuchamt mit mehreren Grundbuchbeamten besetzt, so überträgt das Justizministerium einem von ihnen die Dienstaufsicht. Im Falle seiner Verhinderung wird er durch den dienstältesten und bei gleichem Dienstalter durch den im Lebensalter vorgehenden Grundbuchbeamten insolange vertreten, als das Justizministerium nichts anderes anordnet.

(3) Der dienstaufsichtführende Grundbuchbeamte erstattet in der Regel selbst die dienstlichen Berichte an das Amtsgericht. In jedem Fall sind die Berichte der anderen Beamten durch ihn vorzulegen.

(4) Der dienstaufsichtführende Grundbuchbeamte hat für einen gesetzmäßigen, geordneten und raschen Geschäftsgang zu sorgen. Er ist befugt, von dem anderen Grundbuchbeamten Auskunft über den Stand ihrer Geschäfte zu verlangen, ihre Akten einzusehen und sie bei Verzögerungen, Ordnungswidrigkeiten oder Mißgriffen durch Ermahnungen, Warnungen und Zurechtweisungen zur Erfüllung ihrer Pflicht anzuhalten oder solche Vorkommnisse dem Amtsgericht anzuzeigen. Auch kann er einzelne Geschäfte anders zuteilen.

Stellvertretung und Beurlaubung.

§ 4. Die Stellvertretung und Beurlaubung der Grundbuchbeamten regelt sich nach den für die Bezirksnotare geltenden Vorschriften.

Gehilfen.

§ 5. (1) Die Grundbuchbeamten dürfen die Eintragungen in das Grundbuch nur dann durch einen bestimmten Gehilfen vorbereiten lassen, wenn das Justizministerium sie hierzu ausdrücklich ermächtigt. In diesem Fall müssen sie die vorbereiteten Eintragungen alsbald prüfen und vollziehen. Handelt es sich um Schreibgehilfen oder um Notariatskandidaten, die noch nicht drei Vorbereitungsjahre hinter sich haben, so ist die Vorbereitung der Eintragungen nur bei gleichzeitiger Anwesenheit der Grundbuchbeamten gestattet. Der Ermächtigung bedarf es nicht für Gehilfen, die den Bezirksnotar in den Geschäften des Grundbuchamts vertreten können.

(2) Andere Geschäfte können die Grundbuchbeamten durch Gehilfen sowie durch die zur Leistung des Vorbereitungsdienstes überwiesenen Referendare vorbereiten lassen.

4. Geschäftsverteilung.

§ 6. (1) Ist ein Grundbuchamt mit mehreren Grundbuchbeamten besetzt, so stellt der dienstaufsichtführende Grundbuchbeamte nach Anhörung der übrigen Grundbuchbeamten einen Geschäftsverteilungsplan für eine bestimmte oder eine nicht näher bestimmte Zeit auf. Die Geschäfte können nach Bezirken oder nach den Anfangsbuchstaben der Beteiligten oder unter Verbindung beider Gesichtspunkte verteilt werden. Dabei sollen die Geschäfte, die sich auf ein Grundstück beziehen, nicht unter mehrere Beamte verteilt werden.

(2) Der Geschäftsverteilungsplan ist dem Amtsgericht zur Genehmigung vorzulegen, das seinerseits Änderungen vornehmen kann. Besondere Anordnungen des Justizministeriums über die Geschäftsverteilung bleiben vorbehalten.

(3) Der Geschäftsverteilungsplan kann unter Anwendung der Vorschriften des Abs. 1 und 2 jederzeit geändert werden.

(4) Der Geschäftsverteilungsplan ist ohne Einfluß auf die Gültigkeit der Amtshandlungen.

5. Dienstaufsicht.

Dienstaufsicht der Amtsgerichte.

§ 7. (1) Die Amtsgerichte haben jährlich von mehreren Grundbuchämtern eines Grundbuchbeamten ein bis drei Ämter an Ort und Stelle eingehend zu prüfen. Bei der Auswahl der Ämter ist neben der Bedeutung des Amtes insbesondere auch darauf zu sehen, daß den Amtsgerichten die erforderliche Fühlung mit den Gemeindebeamten, soweit sie der Dienstaufsicht der Gerichte unterstehen, nicht verlorengeht. Von zwei Grundbuchämtern eines Beamten ist in jedem zweiten Jahr eines zu prüfen. Verwaltet ein Grundbuchbeamter nur ein Grundbuchamt oder ist ein Grundbuchamt mit mehreren Grundbuchbeamten besetzt, so ist die Tätigkeit der einzelnen Beamten regelmäßig innerhalb drei Jahren zu prüfen. Mit diesen Prüfungen ist gleichermaßen eine Prüfung der Geschäftsführung des Ratsschreibers einschließlich seiner Beurkundungstätigkeit zu verbinden. Über die Prüfungen hat das Amtsgericht eine Übersicht zu führen und bei den Generalakten zu verwahren, aus der die einzelnen Grundbuchämter, die Grundbuchbeamten und die jährlichen Geschäftsprüfungen zu ersehen sind.

(2) Die Niederschrift über die Prüfung eines Grundbuchamts hat den Umfang und das allgemeine Ergebnis der Prüfung unter Begutachtung der Leistungen des Grundbuchbeamten und die Bemerkungen und Anordnungen zu einzelnen Geschäften nebst den Tatsachen, die sie veranlaßt haben, anzugeben. Anordnungen auf Grund des Art. 25 AB.BGB. hat das Amtsgericht in besonderer Ausfertigung an das Grundbuchamt auszuschreiben. Die Niederschrift ist dem Grundbuchamt zur Kenntnis, Erledigung und Beantwortung zuzufertigen und von diesem mit seinen Erwiderungen und Nachweisungen hierzu wieder vorzulegen. Die erledigten Niederschriften des laufenden Jahres sind der Zivilkammer des Landgerichts auf den 31. Juli, spätestens auf den 15. Januar des folgendes Jahres vorzulegen.

(3) Die amtsgerichtlichen Niederschriften sind nach Erledigung in einem besonderen Aktenbund bei den Generalakten des Grundbuchamts aufzubewahren. Die Feststellung des allgemeinen Prüfungsergebnisses und die Begutachtung der Leistungen des Grundbuchbeamten ist von dem übrigen Inhalt der Niederschrift getrennt zu halten und beim Amtsgericht zu verwahren.

(4) Die Amtsgerichte haben auch außerhalb der regelmäßigen Prüfungen bei jeder sich bietenden Gelegenheit die Geschäftsführung der Grundbuchämter zu überwachen. In den geeigneten Fällen sind Anordnungen auf Grund des Art. 25 AG.BGB. zu treffen. Von dringlichen Fällen abgesehen sind außerordentliche Prüfungen eines auswärtigen Grundbuchamts nur mit Genehmigung des Präsidenten des Landgerichts zulässig. Über das Ergebnis solcher Prüfungen ist entsprechend den Vorschriften des Abs. 2 zu berichten, soweit kein Anlaß zu sofortigem Bericht vorliegt.

(5) Die angeführten Geschäfte der Dienstaufsicht liegen dem dienstaufsichtführenden Amtsrichter ob. Im Wege der Geschäftsverteilung kann die regelmäßige Prüfung einiger auswärtiger Grundbuchämter von geringerer Bedeutung einem andern planmäßigen Richter des Amtsgerichts in der Weise übertragen werden, daß er vor der Hinausgabe der Niederschrift diese dem dienstaufsichtführenden Amtsrichter vorlegt. Die mit der Dienstaufsicht betrauten Richter des Amtsgerichts werden auch sonst bei Anwesenheit in den ihnen zugeteilten Orten des Bezirks sich unmittelbar über die Führung der Grundbuchgeschäfte unterrichten.

Dienstaufsicht der Landgerichte.

§ 8. (1) *Der Präsident des Landgerichts* (§ 14 I Ziff. 3 VO. vom 20. 3. 1935, RGBl. I S. 403) hat die von den Amtsgerichten vorgelegten Niederschriften über die Prüfungen der Grundbuchämter nachzuprüfen, von sich aus das Weitere zu verfügen, die Entwürfe ihrer Erlasse dem Justizministerium auf den 15. März jeden Jahres vorzulegen und sich dabei über den Stand des Grundbuchwesens im Bezirk des Landgerichts und über die Prüfungstätigkeit der einzelnen Amtsgerichte zu äußern.

(2) Der Präsident des Landgerichts kann jederzeit den landgerichtlichen Berichterstatter für Grundbuchsachen mit der Prüfung der einzelnen Grundbuchämter an Ort und Stelle beauftragen. Die Berichte über diese Prüfungen sind den jährlichen Berichten über den Stand des Grundbuchwesens anzuschließen, sofern sie nicht alsbald dem Justizministerium vorgelegt werden.

(3) Bei den Prüfungen der Geschäftsführung der Amtsgerichte durch den Landgerichtspräsidenten oder einen besonderen Berichterstatter ist auch darauf zu achten, wie die Prüfung des Grundbuchwesens im Amtsgerichtsbezirk gehandhabt wird.

Anfragen beim Amtsgericht.

§ 9. Die Grundbuchbeamten und Ratsschreiber können vor ihrer Entscheidung über Zweifelsfragen beim vorgesetzten Amtsgericht anfragen. Die Entscheidung selbst geht auf die Verantwortung des entscheidenden Beamten.

II. Grundbücher und Grundakten.

1. Aufbewahrung.

§ 10. Die Grundbücher und die Akten des Grundbuchamts sind gesondert von anderen Akten in einem sichern Raum und tunlichst in besonderen verschließbaren Schränken aufzubewahren.

2. Grundbuchbezirke.

Umfang.

§ 11. (1) Bei jedem Grundbuchamt wird ein Grundbuch geführt, das die sämtlichen Grundstücke des Grundbuchamtsbezirks umfaßt.

(2) Die Einrichtung mehrerer Grundbuchbezirke innerhalb eines Grundbuchamts und damit die Führung besonderer Grundbücher für die einzelnen Bezirke ist nur ausnahmsweise zulässig, wenn besondere Gründe dazu nötigen, und bedarf der Genehmigung des Landgerichtspräsidenten (s. § 8 Abs. 1) oder der übergeordneten Dienstaufsichtsbehörden. Dies gilt auch bei zusammengesetzten Gemeinden, wenn für die einzelnen Markungen besondere Grundbücher geführt werden sollen.

Änderungen eines Gemeindebezirks.

§ 12. (1) Die Änderung eines Gemeindebezirks hat den Übergang der davon betroffenen Grundstücke in das Grundbuch des neuen Gemeindebezirks zur Folge.

(2) Abgesehen von Änderungen aus Anlaß von Feldbereinigungen hat das Amtsgericht vor Abgabe seiner Äußerung über eine vorgeschlagene Gemeindebezirksänderung nach Anhörung der örtlichen Behörden der freiwilligen Gerichtsbarkeit über nötig werdende Anordnungen auf diesem Gebiet an das Justizministerium zu berichten und dessen Weisung abzuwarten. Durchschneidet die neue Markungsgrenze einzelne Grundstücke, so ist zunächst der Antrag der Grundstückseigentümer auf Abschreibung der hierdurch abgetrennten Grundstücksteile einzuholen.

(3) Tritt zugleich eine Änderung der Landesgrenze ein, so ist die Ausbuchung und Neueintragung von Grundstücken jeweils in Übereinstimmung mit den Eintragungen bei dem beteiligten Grundbuchamt des Nachbarlandes zu vollziehen.

3. Grundstücke.

Begriff des Grundstücks.

§ 13. (1) Als selbständiges (einheitliches) Grundstück im Rechtssinn gilt jede Parzelle mit selbständiger Haupt- und Unternummer oder eine Parzelle, die nach den §§ 43 und 77 der Verfügung, betreffend die Anlegung und Führung der Gemeindegüterbücher, vom 3. Dezember 1932 (RegBl. S. 471) mit Nummern und Buchstaben versehen worden ist.

(2) Als selbständiges (einheitliches) Grundstück gelten auch mehrere im Primärkataster oder dessen Fortführung unter selbständigen Nummern oder Buchstaben aufgeführte Parzellen, wenn sie nach § 890 BGB. auf Antrag des Eigentümers im Grundbuch als einheitliches Grundstück gebucht sind. Dabei sind im Grundbuch unter der laufenden Grundstücksnummer die sämtlichen im Primärkataster oder dessen Fortführung aufgeführten Nummern oder Buchstaben der zugehörigen Parzellen anzuführen. Tritt nach den Bestimmungen über die Fortführung des Primärkatasters eine weitere Parzellierung ein, so bleibt ein im Grundbuch unter einer laufenden Nummer eingetragenes Grundstück insolange als einheitliches Grundstück eingetragen, als nicht auf Antrag des Eigentümers ein Teil abzuschreiben ist. Falls keine Abschreibung erfolgt,

sind im Grundbuch unter der laufenden Grundstücksnummer die neuen Parzellennummern und die sonstigen Änderungen des tatsächlichen Grundstücksbestandes zu vermerken.

(3) Die Bezeichnung der einzelnen Kulturteile einer Parzelle mit Buchstaben ist ohne Einfluß auf die Einheitlichkeit eines Grundstücks.

(4) Den Grundbuchbeamten wird empfohlen, in den geeigneten Fällen vorbehaltlich der Vorschrift des § 5 GBO. auf die Vereinigung oder Zuschreibung von Grundstücken hinzuwirken, die wie Haupt- und Nebengebäude, Gebäude und unmittelbar angrenzende Gärten nach ihrer Lage und Bestimmung in einem engen Zusammenhang stehen und daher zweckmäßiger Weise im Grundbuch unter einer Nummer gebucht werden.

Teilung.

§ 14. (1) Bei Teilung eines Grundstücks in mehrere selbständige Teile ist für jedes Teilgrundstück eine besondere Grundbuchstelle zu führen, soweit nicht einzelne Teilgrundstücke aus dem Grundbuch auszuscheiden sind. Für ein Teilgrundstück kann die bisherige Stelle beibehalten werden, an der die erforderlichen Abschreibungen zu vermerken sind.

(2) *ersetzt durch § 2 III a GBO.*

(3) Ändert sich die Grundbuchstelle in Abteilung I, so sind auch die Eintragungen über die auf den einzelnen Grundstücksteilen fortbestehenden Belastungen der Abteilungen II und III unter entsprechender Anwendung der Vorschriften des § 80 Abs. 1 zu ändern.

Zuschreibung und Vereinigung.

§ 15. (1) Werden mehrere Grundstücke zu einem Grundstück verbunden, so ist stets anzugeben, ob eine Vereinigung oder Zuschreibung stattfinden soll.

(2) Im Falle der Verbindung kann eine der bisherigen Grundbuchstellen beibehalten werden, an der die erforderlichen Vereinigungen oder Zuschreibungen zu vermerken sind.

(3) Bei der Verbindung ist darauf Bedacht zu nehmen, daß im Grundbuch die Belastungen und ihre Rangverhältnisse genau wiedergegeben werden.

Gemeinschaftliche Grundstücke.

§ 16. (1) Ein selbständiges Grundstück darf im Grundbuch nur an einer Stelle geführt werden. Dies gilt insbesondere für Grundstücke, die im Miteigentum stehen oder zu einem Gesellschaftsvermögen, einer ehelichen oder fortgesetzten Gütergemeinschaft oder einer Erbengemeinschaft gehören.

(2) Die Vermessungsbeamten sind angewiesen, der Entstehung von Miteigentum bei gemeinschaftlichen Hofräumen und Einfahrten entgegenzuwirken und den damit angestrebten wirtschaftlichen Erfolg durch Schaffung entsprechender Grunddienstbarkeiten zu erreichen. Kommt es trotzdem zu Miteigentum an Hofräumen, Einfahrten und Grundstücken ähnlicher Art, so hat die Meßurkunde die gemeinschaftliche Grundfläche unter besonderer Feldnummer aufzuführen. Dementsprechend ist auch im Grundbuch das gemeinschaftliche Grundstück an besonderer Stelle in einem Grundbuch einzutragen. *(Satz 4 ersetzt durch § 3 III GBO.)* Dabei sind diese Miteigentumsanteile unter Bezeichnung als Anteile an der ganzen gemeinschaftlichen Fläche einschließlich des Flächengehalts in der Spalte für Benützungs- oder Kulturart mit Verweisung auf die Grundbuchhefte, in denen die andern Miteigentumsanteile laufen, einzutragen und zu beurkunden.

Stockwerkseigentum.

§ 17. Bei Stockwerkseigentum sind die einzelnen Anteile je an besonderer Stelle im Grundbuch einzutragen. In der Spalte für Benützungs- oder Kulturart ist das Rechtsverhältnis anzugeben unter genauer Beschreibung der zu dem Stockwerkseigentum gehörenden Grundstücksteile und auf die Grundbuchhefte zu verweisen, in denen die an dem Grundstück bestehenden andern Stockwerksrechte laufen. Diese Eintragungen sind zu beurkunden.

Erbbaurechte.

§ 18. (1) Das Erbbaurecht wird im Grundbuch des belasteten Grundstücks in Abteilung II unter Bezeichnung des Erbbauberechtigten eingetragen. Bei aufschiebend bedingten und bei befristeten Erbbaurechten ist die Bedingung oder die Befristung und im Falle nachträglicher Änderung dieser Beschränkungen die Änderung anzugeben. Zur näheren Bezeichnung des Inhalts des Erbbaurechts und von Änderungen seines Inhalts ist auf das Erbbaugrundbuch Bezug zu nehmen. Die Eintragung eines neuen Erbbauberechtigten im Erbbaugrundbuch ist unverzüglich in der Veränderungsspalte zu vermerken und der Name des bisherigen Erbbauberechtigten rot zu unterstreichen.

(2) Für das Erbbaurecht ist bei der Eintragung im Grundbuch von Amts wegen ein besonderes Grundbuchblatt (Erbbaugrundbuch) anzulegen. Hierfür kann das Personal- und das Realformular benützt werden. Der Parzellennummer ist das Wort „Erbbaurecht" in Klammern beizusetzen.

(3) Im Erbbaugrundbuch wird das Erbbaurecht in der Spalte für Benützungs- oder Kulturart mit Angabe des Eigentümers des belasteten Grundstücks entweder vollständig oder zur näheren Bezeichnung des Inhalts unter Bezugnahme auf die Eintragungsbewilligung (vgl. § 35 des Grundbuchbereinigungsgesetzes) eingetragen und beurkundet. Der Berechtigte tritt an die Stelle des Eigentümers. Bei größerem Umfang können für die Eintragung die zwei vorhergehenden und die nachfolgende Spalte mit verwendet werden. Spätere Änderungen werden unter Beisetzung fortlaufender Buchstaben über die Mitte des Eintrags in gleicher Weise eingetragen und die nicht mehr geltenden Teile der früheren Eintragung rot unterstrichen. Bestandsveränderungen des belasteten Grundstücks durch Zu- oder Abschreibungen werden in Spalte 9 des belasteten Grundstücks sowie des Erbbaugrundbuchs eingetragen und beurkundet. Die weiteren Spalten und Abteilungen des Erbbaugrundbuchs werden nach den hierfür geltenden allgemeinen Vorschriften ausgefüllt; in der Spalte für Zeit und Grund des Erwerbs ist bei der ersten Eintragung des Erbbaurechts auch die Eintragung im Grundbuch des belasteten Grundstücks unter Angabe der Stelle und des Tags der Eintragung zu vermerken.

(4) Der Erbbauzins, auf den die Vorschriften über die Reallasten entsprechende Anwendung finden, ist in Abteilung II des Erbbaugrundbuchs einzutragen.

(5) Wird das Erbbaurecht mit einer Hypothek belastet, so tritt in dem hierüber auszustellenden Brief an die Stelle der in § 57 Abs. 1 Nr. 1 GBO. vorgeschriebenen Bezeichnung des belasteten Grundstücks die Wiedergabe des im Erbbaugrundbuch eingetragenen Inhalts des Erbbaurechts und seiner Änderungen.

(6) Die Löschung des Erbbaurechts wird beim belasteten Grundstück in Abteilung II Spalte 2 eingetragen und unter Schließung des Erbbaugrundbuchs in Abteilung I Spalte 9 daselbst vermerkt. Die Vormerkung gemäß § 31 Abs. 4 Satz 3 ErbbauVO. zur Erhaltung des Vorrechts auf Erneuerung des Erbbaurechts wird beim belasteten Grundstück in Abteilung II Spalte 1 mit dem Bemerken eingetragen, daß die Vormerkung den bisherigen Rang des Erbbaurechts hat. Auf diese Vormerkung ist bei der Eintragung der Löschung des Erbbaurechts in Abteilung II Spalte 2 hinzuweisen.

Reichsheimstätten.

§ 19. Die Eintragungen bei Reichsheimstätten sind durch das Reichsheimstättengesetz vom 10. Mai 1920 (RGBl. S. 962) geregelt. Zur Ausführung dieses Gesetzes sind ergangen die Bekanntmachung des Justiz- und Innenministeriums vom 31. Januar 1921 (Amtsbl. S. 75), die Verfügung dieser

Ministerien vom 25. Juli 1922 (Reg.Bl. S. 274) und die Verordnung vom 24. Juli 1931 (RegBl. S. 342).

Selbständige Nutzungsrechte.

§ 20. (1) Selbständige Nutzungsrechte erhalten auf Antrag, und wenn das Recht veräußert oder belastet werden soll, von Amts wegen ein besonderes Grundbuchblatt, das nach dem Personal- oder dem Realformular geführt werden kann. Die Anlegung des besonderen Blatts wird auf dem Blatt des belasteten Grundstücks vermerkt.

(2) Das Recht wird in der Spalte für Benützungs- und Kulturart eingetragen und beurkundet. Der Parzellennummer ist das Wort „Nutzungsrecht" in Klammern beizusetzen. Der Berechtigte tritt an die Stelle des Eigentümers.

Bergwerkseigentum.

§ 21. (1) Das nach dem Berggesetz für die Eintragung des Bergwerkseigentums bestimmte Grundbuch wird nach dem Realformular geführt, dessen Vordruck entsprechend zu ändern ist.

(2) Jedes Bergwerkseigentum erhält ein besonderes Grundbuchblatt, die einzelnen Grundbuchblätter fortlaufende Nummern.

(3) Auf dem Titel des Grundbuchblatts sind die Nummern des Blatts, der Name des Bergwerks und das Mineral oder die Mineralien anzugeben, auf die das Bergwerkseigentum verliehen ist. Zu Abteilung I Spalte 2 bis 4 sind aus der Verleihungsurkunde Flächeninhalt und Begrenzung des Feldes, ferner Gemeinde und Oberamt einzutragen, in denen das Feld liegt. Die Verleihungsurkunde ist in Spalte 6 mit ihrem Datum anzuführen.

4. Grundbuch.

a) Grundbuchhefte.

Inhalt.

§ 22. Das Grundbuch besteht aus den einzelnen Grundbuchheften, die nach dem Personalformular oder dem Realformular angelegt sein können. Das Personalformular enthält sämtliche Grundbuchblätter der zu gleichartigem Eigentum (Alleineigentum, Miteigentum, Gesamthandeigentum) eingetragenen Grundstücke, das Realformular das über ein oder mehrere Grundstücke geführte Grundbuchblatt.

Einteilung und Bezeichnung.

§ 23. (1) Beim Personal- oder beim Realformular werden die Grundbuchhefte je mit fortlaufenden Nummern versehen. Beim Realformular kann der Nummer zur Unterscheidung der Buchstabe R vorangesetzt werden.

(2) Beim Realformular werden die Grundbuchhefte neben der laufenden Nummer mit der Nummer der Parzelle, für die das Grundbuchblatt geführt wird, versehen. Es können mehrere Teile des Grundbuchs gebildet werden.

(3) Werden bei einem Grundbuch beide Formulare nebeneinander verwendet, so sind die Grundbuchhefte des einen und des anderen Formulars gesondert aufzubewahren.

Einordnung.

§ 24. Die Grundbuchhefte sind nach dem Gebrauch stets wieder ihrer Numerierung entsprechend einzuordnen. Sie dürfen anderen Akten nicht angeschlossen werden.

Größe.

§ 25. Zu den Grundbuchheften ist Papier mit 480 mm Höhe und 320 mm Breite des geschlossenen Bogens zu verwenden.

Umschlag.

§ 26. (1) Jedes Grundbuchheft ist in einen besonderen dauerhaften Umschlag einzuheften. Der Umschlag hat das Grundbuchamt, den Amtsgerichtsbezirk, den besonderen Grundbuchbezirk und die Nummer des Hefts anzugeben. Auch kann eine Bezeichnung der Eigentümer beigefügt werden.

(2) Umfangreiche Grundbuchhefte können mit Genehmigung des Amtsgerichts gebunden werden. Unter der gleichen Voraussetzung können für die Abteilungen I, II und für die Abteilung III auch je besondere Bände angelegt werden. Die nähere Bezeichnung der einzelnen Bände erfolgt mit Genehmigung des Amtsgerichts durch das Grundbuchamt. Zahl und Bezeichnung der Bände muß auf Seite 1 des 1. Bandes beurkundet und diese Beurkundung bei Anreihung weiterer Bände entsprechend ergänzt werden.

Umfang.

§ 27. (1) Neu anzulegende Hefte erhalten so viele Seiten, als die künftigen Eintragungen voraussichtlich erfordern.

(2) Ist der verfügbare Raum erschöpft, so sind Einlagebogen einzuheften. Für die Abteilungen I und II hat dies zu geschehen, ehe auf der letzten Doppelseite dieser Abteilungen mit Eintragungen begonnen wird (siehe hierzu Anm. 1b zu §§ 3, 4 GBO.).

Seitenzahlen.

§ 28. (1) Innerhalb der einzelnen Hefte werden die Seiten mit fortlaufenden Zahlen versehen.

(2) Bestehen für die Abteilungen I, II und für die Abteilung III besondere Bände, so beginnen die Seitenzahlen innerhalb dieser Bände je von vorn. Werden weitere Bände angereiht, so laufen die Zahlen innerhalb der Abteilungen fort.

(3) Die Einlagebogen der Abteilungen I, II führen die Zahl der letzten vorhergehenden Seite mit fortlaufenden Unternummern für jede eingeheftete Seite (z. B. 16/1, 16/2); bei den Anhängebogen der Abteilung III laufen die Seitenzahlen des Heftes weiter.

(4) Unten am linken Rand der ersten Seite des Hefts ist bei der Anlegung die Zahl der Seiten zu vermerken und bei jeder Erweiterung zu ergänzen. Bei Erweiterung der Abteilungen I, II ist auch die Bezeichnung der eingehefteten Seiten anzugeben (z. B. „Seite 16/25 bis 16/48 eingeheftet"). Aus den Vermerken muß der jeweilige Umfang des Hefts genau ersichtlich sein. Jeder Vermerk ist unter Angabe des Tages zu beurkunden.

b) Personalformular.

Anwendung.

§ 29. Das Grundbuch ist in der Regel nach dem Personalformular entsprechend dem amtlichen Vordruck zu führen. Dies gilt auch, wenn der Eigentümer nur ein Grundstück besitzt.

Gemeinschaftliches Grundbuchblatt.

§ 30. (1) Innerhalb eines Grundbuchbezirks ist über die sämtlichen Grundstücke eines oder mehrerer Eigentümer ohne Rücksicht auf deren Wohnort ein gemeinschaftliches Grundbuchblatt im Sinne des § 4 GBO. nach dem Personalformular zu führen, sofern es sich um gleichartiges Eigentum handelt.

(2) Die Führung eines gemeinschaftlichen Grundbuchblatts über mehrere Grundstücke, die nicht alle denselben Eigentümern gehören, ist unzulässig.

Grundbuchhefte des Staates.

Für die Grundstücke des Staats und des Reichs sind nach den staatlichen Verwaltungen getrennt verschiedene Grundbuchhefte zu führen. *(Satz 2 überholt durch § 15 II GBVfg.)*

Einteilung.

§ 32. Das Personalformular enthält einen Titel und eine
Abteilung I Verzeichnis der Grundstücke,
Abteilung II Lasten und Beschränkungen des Eigentums,
Abteilung III Hypotheken, Grundschulden, Rentenschulden.

Umfang des Titels.

§ 33. Die erste Seite des Grundbuchheftes ist der Titel. Reicht eine Seite für die Eintragungen nicht aus, so sind hierfür drei oder mehr Seiten unter entsprechender handschriftlicher Änderung des Vordrucks vorzusehen. Ist der zunächst vorgesehene Raum erschöpft, so können die Eintragungen auf dem Titel unter entsprechender gegenseitiger Verweisung auf einer späteren Seite fortgesetzt oder unter Vorheftung eines mit römischen Seitenzahlen zu versehenden Bogens und Beurkundung dieser Vorheftung am Schluß der bisherigen Titelseite auf diesem Bogen fortgesetzt werden.

Bezeichnung des Eigentümers auf dem Titel.

§ 34. *(1) bis (3) ersetzt durch § 15 GBVfg.*

(4) Änderungen in diesen Bezeichnungen, die das eingetragene Rechtsverhältnis nicht berühren, sind bei entsprechendem Nachweis von Amts wegen nachzutragen. Änderungen in den Titeleintragungen sind so auszuführen, daß die Übersichtlichkeit und die zuverlässige Feststellung des Inhalts und der zeitlichen Reihenfolge der Eintragungen gesichert ist.

(5) Bei dem Namen eines eingetragenen Eigentümers ist auf Grundbuchhefte des Grundbuchamts, in denen weiteres Eigentum oder Miteigentum dieses Eigentümers läuft, zu verweisen, ebenso auf die Nummer der Höferolle, wenn Grundstücke des Eigentümers zu einem Anerbengut gehören.

Mehrere Eigentümer.

(1) Abgesehen vom Fall des Stockwerkseigentums sind mehrere Eigentümer eines Grundstücks auf dem Titel im einzelnen anzuführen unter Angabe ihrer Anteile in Bruchteilen oder des sonstigen für die Gemeinschaft maßgebenden Rechtsverhältnisses. Das für Mitberechtigte geltende eheliche Güterrecht ist nur insoweit anzugeben, als es für die eingetragenen Eigentumsverhältnisse von rechtlicher Bedeutung ist. Zur Förderung der Übersicht kann es sich empfehlen, das maßgebende Rechtsverhältnis voranzustellen und im Anschluß die Namen des Berechtigten aufzuführen.

(2) Sind die Rechtsbeziehungen der eingetragenen Eigentümer an den einzelnen in dem Grundbuchheft laufenden Grundstücken verschieden, so ist dies auf dem Titel unter Anführung der laufenden Grundstücksnummern im einzelnen anzugeben.

(3) Bei Grundstücken im Eigentum einer Realgemeinde sind neben der Anführung des Realgemeinderechts die Namen der sämtlichen Berechtigten auf dem Titel einzutragen.

Schließung.

§ 36. (1) Das Grundbuchheft eines Eigentümers wird geschlossen, wenn sämtliche eingetragenen Grundstücke abgeschrieben und neue Eintragungen nicht mehr wahrscheinlich sind.

(2) Im Zusammenhang mit der Schließung ist der bisherige Titeleintrag mit Ausnahme der Nummer des Heftes zu löschen. Der Vermerk über die Schließung ist auf den Tite l zu setzen und zu beurkunden. Er lautet: „Geschlossen am ....“

(3) Die geschlossenen Hefte sind in der Regel gesondert nach ihrer Nummernfolge aufzubewahren. Im Falle der Aussonderung ist diese im Eigentümerregister zu vermerken.

Wiedereröffnung.

§ 37. (1) Geschlossene Grundbuchhefte können für einen anderen Eigentümer wieder eröffnet werden, wenn das geschlossene Heft genügend freien Raum enthält und auch sonst keine Bedenken bestehen, insbesondere keine Verwirrung zu besorgen ist.

(2) Die Wiedereröffnung ist auf dem Titel unter dem Schließungsvermerk dahin zu beurkunden: „Wiedereröffnet am ....“

(3) Bei den Eintragungen in Abteilung I Spalte 1 und Abteilung III Spalte 1 ist mit der bisherigen Numerierung fortzufahren.

(4) *überholt durch § 32 Geschäftsordnung für die Grundbuchämter.*

Eintragungen in Abteilung I im allgemeinen.

§ 38. (1) In Abteilung I sind die selbständigen Grundstücke und Rechte der auf dem Titel verzeichneten Eigentümer einzeln unter fortlaufenden in Spalte 1 zu vermerkenden Nummern einzutragen.

(2) Auf eine Seite sollen regelmäßig zwei, in geeigneten Fällen auch drei oder mehr Grundstücke geschrieben werden. Ausnahmsweise ist es nach Lage der Verhältnisse auch nicht ausgeschlossen, nur ein Grundstück auf einer Seite einzutragen.

(3) Werden auf einer Seite mehrere Grundstücke eingetragen, so sind die Eintragungen durch waagerechte Striche auseinanderzuhalten, die unmittelbar über der folgenden Eintragung durch beide Seiten des Grundbuchblattes gezogen werden.

(4) Bei der Neueröffnung eines Grundbuchheftes sind für die Regel die Grundstücke mit Gebäuden voranzustellen. Bilden mehrere Grundstücke eine wirtschaftliche Einheit, ohne daß sie gegenseitig vereinigt oder zugeschrieben werden können, so empfiehlt es sich, sie in unmittelbarer Reihenfolge zusammenzustellen. Im übrigen bestimmt der Grundbuchbeamte die Reihenfolge der Grundstücke.

(5) Ist in einer Spalte der Raum für Eintragungen erschöpft, so kann unter entsprechender handschriftlicher Änderung des Vordrucks und gegenseitiger Verweisung verfügbarer Raum von anstoßenden Spalten für die Fortsetzung benutzt werden. Ist dies nicht möglich, so ist hinter dem zuletzt eingetragenen Grundstück unter Beibehaltung der bisherigen laufenden Nummer Raum für weitere Eintragungen zu beschaffen. In diesem Fall ist der Zusammenhang zwischen dem ersten Eintrag und dem Nachtrag durch gegenseitige Verweisungen sicherzustellen.

Eintragungen in Abteilung I im einzelnen.

§ 39. (1) In Spalte 2 ist auf die Stelle des Grundbuchs zu verweisen, an der das Grundstück oder Teile davon bisher geführt worden sind, und das neueste Meßurkundenheft anzuführen. Eine Verweisung auf die Grundakten oder einzelne Nummern davon findet hier nicht statt.

(2) In den Spalten 3—5 werden die Grundstücke nach Flurkarte, neuester Parzellennummer einschließlich selbständiger Unternummer oder selbständiger Buchstaben, Benutzungs- oder Kulturart, Lage und Flächengehalt beschrieben. Umfaßt der Grundbuchbezirk verschiedene Markungen, so ist in Spalte 3 auch die Markung anzugeben, die in abgekürzter Form vermerkt werden kann. Die Benutzungs- und Kulturart ist ohne eingehende Beschreibung der Grundstücke zu bezeichnen, z. B. Wohnhaus, Acker, Wiese, Garten. Bei Gebäuden ist die Zahl der Stockwerke oder die Bauart nicht anzugeben. Steht auf einem Grundstück nur ein Teil eines Gebäudes, so muß dies in der Beschreibung zum Ausdruck kommen. Nebenlieger sind nicht anzuführen. In Spalte 5 ist nur der Meßgehalt des ganzen Grundstücks einzutragen. Wird ausnahmsweise der Meßgehalt einzelner Teile vermerkt, so geschieht dies in Spalte 4. Haben die Teile selbständige Parzellennummern, so ist deren Meßgehalt in Spalte 4 anzugeben. Die Eintragungen in Spalte 4 werden nur in den Fällen der §§ 17, 18 und 20 beurkundet. Änderungen der tatsächlichen Angaben in den Spalten 3 bis 5 werden von Amts wegen nachgetragen, indem der bisherige Eintrag rot unterstrichen und die neue Beschreibung darunter gesetzt wird.

(3) In Spalte 6 ist die Zeit und der Grund des Eigentumserwerbs, soweit nicht schon der Titel hierüber Aufschluß gibt, einzutragen und zu beurkunden. Dabei kann das hierauf sich beziehende Aktenstück angeführt werden. Die einzelnen Eintragungen sind durch Buchstaben zu unterscheiden. Unter An-

führung des Buchstabens in Verbindung mit der laufenden Nummer des Grundstücks kann bei einem anderen Grundstück an Stelle einer gleich lautenden Eintragung auf diesen früher bewirkten Eintrag verwiesen werden.

(4) In Spalte 7 sind auf Antrag des Eigentümers der Erwerbspreis des Grundstücks und amtliche Schätzungen zu vermerken; der für die Wertangabe maßgebende Zeitpunkt ist beizusetzen, bei Anführung einer amtlichen Schätzung auch der Zweck, zu dem sie stattgefunden hat. Der Vermerk ist zu beurkunden. Der Antrag auf Eintragung oder Löschung des Vermerks bedarf keiner besonderen Form. Wird ein Grundstück auf ein anderes Grundbuchblatt übertragen, so braucht ein Wertvermerk, der zugleich andere nicht übertragene Grundstücke umfaßt, nicht mitübertragen zu werden.

(5) In Spalte 8 sind auf Antrag eines Berechtigten die in § 9 GBO. aufgeführten Privatrechte, ferner die mit einem Grundstück verbundenen dinglichen Gerechtigkeiten zu vermerken. Wird ein solches Recht geändert oder aufgehoben, so ist der Vermerk gleichfalls in Spalte 8 von Amts wegen zu berichtigen. Zu diesem Zweck hat das Grundbuchamt des belasteten Grundstücks bei diesem eingetragene Änderungen dem für das berechtigte Grundstück zuständigen Grundbuchamt mitzuteilen. Die Vermerke sind zu beurkunden.

(6) In Spalte 9 sind Abschreibungen, Zuschreibungen, Vereinigungen, Löschungen des Grundstücks oder seiner einzelnen Teile einzutragen sowie sonstige zur Klarstellung eingetretener Änderungen notwendige Vermerke aufzunehmen und zu beurkunden.

Eintragungen in Abteilung II im allgemeinen.

§ 40. (1) In Abteilung II werden abgesehen von Hypotheken, Grundschulden und Rentenschulden alle Lasten und Beschränkungen des Eigentums oder der Eigentumsanteile, die das zugehörige Grundstück der Abteilung I betreffen, eingetragen und gemäß § 44 GBO. beurkundet. Neben Dienstbarkeiten, Vorkaufsrechten und Reallasten werden daher hier insbesondere vermerkt Veräußerungsverbote aller Art, im Konkurs-, Vergleichs-, Zwangsversteigerungs-, Zwangsverwaltungs-, Enteignungsverfahren vorgesehene Grundbuchvermerke, dinglich geregelte Wiederkaufsrechte, Nacherbenrechte, Ernennungen von Testamentsvollstreckern, Zugehörigkeit zu einer Bahneinheit, Überbau- und Notwegrenten, Eigenschaft als Waldgut, Fideikommißrechte.

(2) Öffentlich rechtliche Belastungen sind nur einzutragen, soweit dies gesetzlich vorgeschrieben ist. Wegen der Führung von Baulastenbüchern wird auf die Verfügung vom 7. Juni 1911 (Amtsbl. S. 252) verwiesen.

(3) Erbbau- und selbständige Nutzungsrechte, für die nach den §§ 18, 20 ein besonderes Grundbuchblatt angelegt wird, werden gleichfalls als Belastung in Abteilung II des belasteten Grundstücks unter Verweisung auf das besondere Grundbuchblatt eingetragen.

(4) Die Eintragungen erfolgen entsprechend den §§ 16, 17, 45 GBO. in der Reihenfolge ihres Rangs in dem Raum, der dem für das Grundstück in Abteilung I vorgesehenen Raum entspricht. Ist der Raum erschöpft, so findet § 38 Abs. 5 Anwendung.

(5) Wird auf das Servitutenbuch verwiesen, so soll dabei die Art der Grunddienstbarkeit kurz angegeben werden.

(6) Für die Unterscheidung der einzelnen Eintragungen und die Verweisung auf andere Einträge gilt § 39 Abs. 3 Satz 3 und 4.

Eintragungen in Abteilung II im einzelnen.

§ 41. (1) In Spalte 1 wird die Last oder die Beschränkung nach Inhalt und Umfang und unter Angabe des Berechtigten eingetragen. Dieser ist entsprechend den Vorschriften des § 34 zu bezeichnen.

(2) Zur näheren Bezeichnung des Inhalts des Rechts, mit dem ein Grundstück belastet wird, kann, soweit nichts anderes vorgeschrieben ist, nach dem

Ermessen des Grundbuchamts auf die Eintragungsbewilligung Bezug genommen werden. Bei Leibgedingen bedarf es in diesem Fall der Bezeichnung der einzelnen Rechte nicht. Bei der Bezugnahme ist das Datum der Eintragungsbewilligung anzuführen; auch kann zugleich deren Aktennummer vermerkt werden.

(3) Mitbelastungsvermerke nach § 47 GBO. werden gleichfalls in Spalte 1 eingetragen, bei Grundstücken desselben Grundbuchhefts nach der laufenden Nummer, bei anderen Grundstücken unter Anführung der Parzellennummer und, wenn diese auswärts liegen, auch des Grundbuchamts. Sind verschiedene Grundbuchämter beteiligt, so haben sie sich gegenseitig die Eintragungen der Belastungen mitzuteilen.

(4) In Spalte 2 werden Änderungen des Inhalts oder des Rangs der in Spalte 1 laufenden Lasten und Beschränkungen, Belastungen dieser Rechte sowie Löschungen und Übertragungen eingetragen. Belastungen von Rechten mit besonderem Grundbuchblatt werden auf diesem vermerkt.

(5) Wegen der Eintragung von Reichsheimstätten wird auf § 3 der Verfügung vom 25. Juli 1922 (Reg.Bl. S. 274), wegen der Löschung von Grunddienstbarkeiten infolge der Ausführung eines moorgenossenschaftlichen Unternehmens auf die Verfügung vom 13. Dezember 1915 (Amtsbl. S. 99) verwiesen.

Eintragungen in Abteilung III im allgemeinen.

§ 42. (1) In Abteilung III werden die Hypotheken, Grundschulden und Rentenschulden auf Grundstücken der Abteilung I und die Veränderungen dieser Rechte eingetragen.

(2) Auf die noch geltenden Einträge in den früheren Unterpfandsbüchern wird durch Ausfüllung der Spalten 1—4 verwiesen. Veränderungen und Löschungen dieser Rechte werden im Unterpfandsbuch nach den für das Grundbuch maßgebenden Vorschriften eingetragen, Löschungen außerdem in den Spalten 2, 8 und 9 des Grundbuchs. Rangänderungen können in Spalte 6 unter Hinweis auf das Unterpfandsbuch kurz vermerkt werden.

(3) Auf einer Seite können eine oder mehrere Eintragungen gemacht werden, die unter sich durch waagerechte Striche zu trennen sind. Veränderungen und Löschungen der einzelnen Rechte werden in dem entsprechenden Raum der rechten Seite eingetragen. Ist in diesen Spalten der Raum erschöpft, so findet § 38 Abs. 5 Anwendung.

(4) Für die Bezeichnung der Berechtigten sind die Vorschriften des § 34 maßgebend.

(5) Wegen der Eintragung wertbeständiger Hypotheken wird auf das Gesetz vom 23. Juni 1923 (RGBl. I S. 407), wegen der Grundlagen für die Berechnung des Feingoldpreises auf die Bekanntmachung im Amtsblatt 1924 S. 196 und wegen der Eintragung der Aufwertung auf die Verordnung vom 11. Dezember 1925 (Amtsbl. S. 142) verwiesen.

Eintragungen in Abteilung III im einzelnen.

§ 43. (1) In Spalte 1 wird die laufende Nummer der für die Abteilung III bestimmten Rechte eingetragen. Mehrere selbständige Rechte erhalten auch dann je eine besondere Nummer, wenn sie auf derselben Grundlage beruhen und gleichen Rang haben, der alsdann zu vermerken ist.

(2) In Spalte 2 wird der Geldbetrag der Hypothek, Grundschuld oder Rentenschuld, bei wertbeständigen Rechten als Wertmaßstab der Preis der nach Art und Menge zu bezeichnenden Ware oder Leistung eingetragen. Feingoldhypotheken können auch als Goldmarkhypotheken eingetragen werden. Der Betrag eingetragener Nebenleistungen ist nur in Spalte 4 anzugeben.

(3) In Spalte 3 werden zur Bezeichnung der belasteten Grundstücke die laufenden Grundstücksnummern der Abteilung I angeführt. Wird der Anteil eines Miteigentümers belastet, so ist hier der Bruchteil des Grundstücks mit Anführung des Namens des Miteigentümers anzugeben. Ändert sich infolge

einer Teilung des belasteten Grundstücks die laufende Grundstücksnummer, so ist die neue Nummernbezeichnung zu vermerken. Sind Grundstücke mitverpfändet, die nicht in demselben Grundbuchheft laufen, so gelten die Vorschriften des § 41 Abs. 3. An Stelle der Anführung der mitbelasteten Grundstücke ist Verweisung auf den Mitbelastungsvermerk in einem Hypothekeneintrag desselben Hefts nicht ausgeschlossen. Bei Erlöschen einer Mithaftung ist der Mitbelastungsvermerk rot zu unterstreichen.

(4) In Spalte 4 wird das Recht unter Angabe des Gläubigers, des Geldbetrags der Forderung, des Zinssatzes sowie des Geldbetrags anderer Nebenleistungen eingetragen. Soweit nach § 1115 Abs. 1 BGB. auf die Eintragungsbewilligung Bezug genommen wird, gelten die Vorschriften des § 41 Abs. 2 entsprechend. Eine Ausschließung des Briefs nach § 1116 Abs. 2 Satz 1 BGB. und eine Unterwerfung unter die sofortige Zwangsvollstreckung nach § 800 ZPO. ist in jedem Fall miteinzutragen.

(5) In den Spalten 5 und 6 werden Änderungen der in Spalte 1 bis 4 verzeichneten Rechte eingetragen. Hierher gehören insbesondere Änderung des Rangverhältnisses, Änderung der Verzinsung, der Zahlungszeit oder des Zahlungsorts, Übertragung, Pfändung oder Verpfändung der Rechte, Verzicht des Berechtigten, Umwandlung der Rechte, Ersetzung der bisherigen Forderung durch eine andere, nachträgliche Aufhebung der Brieferteilung, Aufhebung der Ausschließung der Brieferteilung, Erteilung eines neuen Briefs. Wenn mit einem in den Spalten 1 bis 4 eingetragenen Recht weitere Grundstücke desselben Hefts belastet werden, kann diese Mitbelastung in den Veränderungsspalten eingetragen werden, sofern nicht nach Lage der Verhältnisse Eintragung unter neuer laufender Nummer notwendig ist. Werden von mehreren belasteten Grundstücken einzelne in ein anderes Heft übertragen, so wird dies in den Veränderungsspalten vermerkt. Die Löschung der Veränderungen geschieht in Spalte 7.

(6) In den Spalten 8 und 9 werden die in Spalte 1 bis 4 enthaltenen Eintragungen gelöscht. In Spalte 9 wird auch die Löschung der Mithaftung eines in einem andern Grundbuchamtsbezirk liegenden Grundstücks eingetragen. Werden sämtliche belasteten Grundstücke in ein anderes Heft übertragen, so erfolgt der Vermerk hierüber gleichfalls in den Spalten 8 und 9. Bei Löschung des Gesamtrechts sind die sämtlichen Einträge der übrigen Spalten rot zu unterstreichen.

(7) Bei Eintragungen in den Spalten 4, 6, 7 und 9 können die zugrunde liegenden Aktenstücke angeführt werden.

Vormerkungen, Widersprüche.

§ 44. (1) Vormerkungen und Widersprüche werden eingetragen

1. wenn sie den Anspruch auf Einräumung einer Hypothek, Grundschuld oder Rentenschuld, eines Rechts hieran oder die Eintragung eines anderen Berechtigten oder Rechtsinhalts bei solchen Rechten betreffen, in Abteilung III,
2. bei allen übrigen Rechten in Abteilung II.

(2) Handelt es sich um die Eintragung eines neuen Berechtigten, so ist hierfür nur die linke Hälfte der Spalte zu benutzen und die rechte Hälfte für die endgültige Eintragung freizulassen. Dies gilt nicht, wenn es sich um einen Anspruch auf Übertragung des Eigentums oder um Eintragung eines andern Eigentümers handelt.

(3) In Abteilung III kommen die Ansprüche auf Neueintragung einer Hypothek, Grundschuld oder Rentenschuld in die Spalten 1 bis 4, die übrigen Eintragungen in die Spalten 5 bis 7. Die Vormerkung zur Sicherung eines Löschungsanspruchs nach § 1179 BGB. wird bei der zu löschenden Hypothek in den Spalten 5 und 6 vermerkt.

(4) Bei jeder Eintragung ist anzugeben, zu wessen Gunsten sie erfolgt.

c) Realformular.

Anwendung.

§ 45. (1) Soweit von der Führung eines gemeinschaftlichen Grundbuchblatts nach dem Personalformular Verwirrung zu besorgen ist, sowie in Berücksichtigung eines besonderen Bedürfnisses kann das Grundbuch für einzelne Grundstücke oder gemeinschaftlich für mehrere Grundstücke desselben Eigentümers nach dem Realformular geführt werden. Dies ist auch zulässig, wenn bei dem Grundbuchamt andere Grundstücke des Eigentümers in einem nach dem Personalformular geführten Grundbuchheft laufen.

(2) Die Einführung des Realformulars in einem Grundbezirk für alle oder für bestimmte Arten von Grundstücken, z. B. Reichsheimstätten, Erbbaurechte, Grundstücke eines Waldguts, eines Anerbenguts, setzt die Genehmigung des Landgerichtspräsidenten voraus (vgl. § 8 Abs. 1 Satz 1).

Einrichtung.

§ 46. (1) Für das Realformular ist der amtliche Vordruck maßgebend. Danach wird auf dem Titel an Stelle des Eigentümers die Parzellen- (Gebäude-) nummer eingetragen. In Abteilung I ist für die Beschreibung des Grundstücks und die Bezeichnung des Eigentümers in der hierfür vorgesehenen Spalte 5 bestimmt. Spalte 1 der Abteilung I und Spalte 3 der Abteilung III des Personalformulars fallen weg.

(2) Werden in einem Heft mehrere Grundstücke geführt, so wird die laufende Nummer in Spalte 3 beigesetzt. § 38 Abs. 3 findet Anwendung. Werden in Abteilung III nur einzelne Grundstücke der Abteilung I belastet, so ist in Spalte 1 die laufende Grundstücksnummer beizusetzen durch den Vermerk „zu Grdst. Nr. ....“.

(3) Im übrigen finden auf die Führung des Realformulars die für das Personalformular geltenden Vorschriften entsprechende Anwendung.

d) Übereinstimmung mit dem Primärkataster.

§ 47. (1) Der Grundbuchbeamte hat die ihm nach jährlichem Abschluß vom Bezirksgeometer mitzuteilenden Meßurkundenhefte durchzugehen und das Grundbuch entsprechend richtigzustellen, soweit die Änderungen von Amts wegen eingetragen werden können.

(2) Setzt die Eintragung im Falle einer Änderung des Grundstücksbestands einen Antrag voraus, so hat der Grundbuchbeamte die Beteiligten hierüber zu belehren und von ihnen die erforderlichen Erklärungen entgegenzunehmen. Wird der Antrag nicht gestellt, so kann dem Bezirksgeometer zwecks Wiederherstellung des früheren Zustands Mitteilung gemacht werden. Von dieser Mitteilung sind die Beteiligten in Kenntnis zu setzen.

(3) Die Eintragung der Änderung im Grundbuch ist auf der Meßurkunde in der hierfür vorgesehenen Spalte zu vermerken.

5. Register.

Grundstücksregister.

§ 48. (1) Für jeden Grundbuchbezirk ist über die sämtlichen in dem Grundbuch eingetragenen Grundstücke ein Grundstücksregister nach dem amtlichen Muster zu führen. Änderungen sind alsbald nachzutragen. Bei der Führung ist die dem Register vorgedruckte Anleitung zu beachten. Die Bildung weiterer Unterabteilungen des Registers z. B. für Straßen und Wege, Flüsse und Bäche ist nicht ausgeschlossen. Umfaßt der Grundbuchbezirk mehrere Markungen, so ist das Register zugleich nach Markungen abzuteilen.

(2) Hat eine durchgreifende Neunumerierung der Gebäude stattgefunden, so ist dieser Teil des Registers neu anzulegen. Das bisherige Grundstücksregister ist unter Vermerk der Neuanlegung und Angabe des Tags zu schließen und diese Schließung durch rote Schrägstriche ersichtlich zu machen.

Eigentümerregister.

§ 49. (1) Für jeden Grundbuchbezirk ist ein Eigentümerregister zu führen, in das die sämtlichen in den laufenden Grundbuchheften aufgeführten Eigentümer unter Hinweis auf die zugehörigen Grundbuchhefte in der Reihenfolge der Anfangsbuchstaben einzutragen sind. Bei natürlichen Personen ist der Familien- und Vorname, der Stand oder das Gewerbe und, wenn sie auswärts wohnen, auch der Wohnort anzugeben. Ehefrauen sind zugleich mit Angabe ihres Geburtsnamens unter dem Namen des Ehemanns aufzuführen. Änderungen sind alsbald nachzutragen.

(2) Im Falle eines Bedürfnisses kann das Eigentümerregister als Kartei geführt werden. Die Kartenblätter erhalten die Größe Dinformat A 6 (105 : 148 mm) und sind aus holzfreiem Registerkartenkarton im Gewicht von 280 g/qm, Farbe Chamois bedeckt, herzustellen. Einleitung und Vordruck der Karten ergibt sich aus Beilage 1.

6. Grundakten.

Anlegung und Weiterführung.

§ 50. (1) Für jedes Grundbuchheft sind besondere Grundbuchakten anzulegen, in die sämtliche zugehörigen Schriftstücke nach der Zeitfolge mit fortlaufenden Nummern versehen einzuordnen sind.

(2) Die Grundakten sind in einen Umschlagbogen zu bringen, der die Bezeichnung als Grundakten zu tragen und das Grundbuchamt, den Grundbuchbezirk, die fortlaufende Nummer des Grundbuchhefts, beim Realformular außerdem die Parzellennummer anzugeben hat. Daneben kann der Name des Eigentümers beigefügt werden.

(3) Bei umfangreichen Grundakten kann sich die Führung eines Nummernverzeichnisses mit kurzer Bezeichnung des Gegenstands der einzelnen Aktenstücke empfehlen.

(4) Grundakten werden in der Regel nicht ausgesondert, ihre Ausscheidung bleibt besonderer Regelung vorbehalten.

Inhalt.

§ 51. (1) Zu den Grundakten sind nur solche Schriftstücke des Grundbuchamts zu nehmen, die sich auf eine Eintragung oder Löschung bei einem in dem Grundbuchheft laufenden Grundstück beziehen. Hierzu gehören insbesondere Anträge, Niederschriften und Eintragungsbewilligungen einschließlich der Anlagen, Urkunden, auf die eine Eintragung sich gründet oder Bezug nimmt oder die an deren Stelle tretenden beglaubigten Abschriften, Verfügungen des Grundbuchamts und der vorgesetzten Behörden. Die von einem unbrauchbar gemachten Hypothekenbrief abgetrennten Schuldurkunden sind zurückzugeben, sofern sie nicht mit einem neuen Hypothekenbrief zu verbinden sind (§ 69 Satz 2 GBO.) oder Erklärungen im Sinne der Sätze 1 und 2 enthalten.

(2) Der dem Grundbuchamt nach *§ 2 VO. vom 11. 5. 1934 (RGBl. I 378)* vorzulegende Veräußerungsvertrag oder statt dessen eine beglaubigte Abschrift ist zu den Grundakten des Erwerbers zu legen. Auf ihre Verpflichtung zur Einhaltung der angeführten Vorschrift werden die Grundbuchbeamten ausdrücklich hingewiesen. Sonstige Urkunden über das einer Eintragungsbewilligung zugrunde liegende Rechtsgeschäft sind unter den Voraussetzungen des § 10 Abs. 2 GBO. bei den Grundakten aufzubewahren.

(3) Schriftstücke, die sich auf nicht erledigte Anträge beziehen, können bis zur Erledigung der Anträge in einem besonderen hierfür bestimmten Umschlagbogen verwahrt werden; spätestens mit der Erledigung sind sie zu den zugehörigen Grundakten zu bringen.

(4) Schriftstücke, die sich auf ein Erbbaurecht beziehen, kommen zu den Grundakten des Erbbaugrundbuchs. Zu Eintragungen über das Erbbaurecht auf dem belasteten Grundstück ist in dessen Grundakten auf die in den Grundakten des Erbbaugrundbuchs befindlichen Unterlagen unter kurzer Bezeichnung des Gegenstandes zu verweisen.

Verweisungen.

§ 52. (1) Auf Urkunden, auf die eine Eintragung sich gründet oder Bezug nimmt, sowie auf vorzulegenden Veräußerungsverträge kann in den Grundakten unter kurzer Bezeichnung des Gegenstands verwiesen werden, wenn sie in anderen Akten des Grundbuchamts enthalten sind. Eine Verweisung ist auch zulässig, wenn die Urkunden sich bei den Akten eines andern Amts befinden, das zu demselben Bezirksnotariat gehört, und wenn die Akten im gleichen Gebäude aufbewahrt sind.

(2) Auf Antrag eines Beteiligten ist von der Verweisung abzusehen.

Generalakten.

§ 53. Bei jedem Grundbuchamt werden für die allgemeinen Angelegenheiten Generalakten geführt. Die Akten über die persönlichen Angelegenheiten der Grundbuchbeamten bilden einen gesondert zu verwahrenden Teil der Generalakten.

7. Einsicht und Abschriften.

§§ 54—59 *aufgehoben durch § 12 GBO., §§ 43—46 GBVfg., § 35 GeschäftsOg. f. d. Grundbuchämter.*

III. Grundbuchgeschäfte.

1. Eintragungsanträge, sonstige Erklärungen, Eintragungsersuchen.

Form der Erklärungen.

§ 60. Anträge auf Eintragungen in das Grundbuch und andere damit zusammenhängende Erklärungen sind entweder mündlich zur Niederschrift des Grundbuchbeamten anzubringen oder schriftlich bei dem Grundbuchamt einzureichen.

Aufnahme und Niederschriften.

§ 61. (1) Die Niederschrift des Grundbuchbeamten über die beim Grundbuchamt abgegebenen Erklärungen hat den Ort und die Zeit der Verhandlung, die Bezeichnung des Erklärenden und der bei der Verhandlung mitwirkenden Personen sowie die abgegebene Erklärung zu enthalten. Der Grundbuchbeamte kann die Erklärungen auch außerhalb des Sitzes des Grundbuchamts entgegennehmen.

(2) Die Niederschrift soll angeben, wie sich der Grundbuchbeamte über die Person des Erklärenden vergewissert hat. Kennt er diesen nicht, so hat er sich die Persönlichkeit durch einen ihm bekannten Dritten oder auf sonstige einwandfreie Weise bestätigen zu lassen.

(3) Die Niederschrift soll vorgelesen, von dem Erklärenden genehmigt und von ihm eigenhändig unterschrieben werden.

(4) Die Niederschrift ist von den mitwirkenden Personen zu unterzeichnen.

Erklärungen öffentlicher Behörden.

§ 62. Erklärungen und Ersuchen deutscher öffentlicher Behörden, die innerhalb der Zuständigkeit der Behörde in der vorgeschriebenen Form ausgestellt sind, bedürfen dem Grundbuchamt gegenüber keiner Beglaubigung.

Ausländische Urkunden.

§ 63 *aufgehoben durch § 29 GBO.*

Eingangsvermerk.

§ 64. (1) ...... *(vgl. jetzt § 19 II a GeschäftsOg. f. d. Grundbuchämter).* Maßgebend ist der Zeitpunkt, in dem das Schriftstück in den Diensträumen des Grundbuchamts eingeht.

(2) ...... *(vgl. jetzt § 12 Abs. 2a GeschäftsOg. f. d. Grundbuchämter).*

(3) Einen ihm außerhalb des Sitzes des Grundbuchamts übergebenen Antrag hat der Grundbuchbeamte alsbald dem Grundbuchamt zum Zweck der

Entgegennahme und vorschriftsmäßigen Anbringung des Eingangsvermerks durch den Ratsschreiber zu übersenden. Wird ein Antrag beim Grundbuchamt niderschriftlich aufgenommen, so ist die Niederschrift alsbald nach Abschluß der Beurkundung gemäß Abs. 2 mit dem Eingangsvermerk zu versehen. Findet die Aufnahme eines Antrags außerhalb der Diensträume des Grundbuchamts statt, so hat der Grundbuchbeamte wie im Fall des Satzes 1 die Niederschrift alsbald dem Grundbuchamt zuzuleiten.

Eintragung in das Geschäftsregister.

§ 65. Beim Grundbuchamt eingekommene Anträge sind nach Anbringung des Eingangsvermerks entsprechend den Vorschriften der Kassenordnung für die Bezirksnotare und die Grundbuchbeamten alsbald in das Geschäftsregister des Grundbuchamts einzutragen.

Mitwirkung des Ratsschreibers.

§ 66. (1) Zur Beurkundung von Anträgen und sonstigen vor dem Grundbuchamt abzugebenden Erklärungen der Beteiligten ist der Ratsschreiber im allgemeinen nicht befugt. Soweit er dagegen nach Art. 32 Abs. 1 AG.BGB. für die Beurkundung der Auflassung und der dinglichen Einigung zuständig ist, kann er im Zusammenhang damit gleichzeitig die hierauf sich beziehenden Eintragungsbewilligungen und Eintragungsanträge niderschriftlich entgegennehmen.

(2) Daneben kann der Ratschreiber Eintragungsanträge und sonstige für eine Eintragung erforderlichen Erklärungen, auch Vollmachten, für die Beteiligten entwerfen und die Unterschriften auf den von ihm entworfenen oder von ihm vorgelegten Schriftstücken beglaubigen, soweit dies nach den Vorschriften der Grundbuchordnung erforderlich ist.

Übermittlung an den Grundbuchbeamten.

§ 67. (1) Der Ratschreiber hat die in Abwesenheit des Grundbuchbeamten beim Grundbuchamt eingegangenen Eintragungsanträge und sonstigen Schriftstücke bei der nächsten Anwesenheit des Grundbuchbeamten am Sitz des Grundbuchamts diesem zu übermitteln.

(2) Liegen dringliche Anträge oder sonstige dringliche Sachen vor, so hat der Ratsschreiber den abwesenden Grundbuchbeamten hiervon sofort zu verständigen.

2. Entscheidung über die Eintragung.

Prüfung des Eintragungsantrags.

§ 68. Die vorligenden Anträge und Ersuchen auf Eintragung sind ohne Verzögerung daraufhin zu prüfen, ob die gesetzlichen Voraussetzungen der Eintragung gegeben sind. Diese Voraussetzungen umfassen die formellen Erfordernisse der Grundbuchordnung sowie das aus den Bestimmungen des bürgerlichen Rechts sich ergebende Verfügungsrecht der Beteiligten, insbesondere die Feststellung ihrer Persönlichkeit und ihrer Geschäftsfähigkeit, den Nachweis der Vertretungsbefugnis und von Vollmachten.

Zwischenverfügungen.

§ 69. Steht der Eintragung ein Hindernis entgegen, ohne daß die sofortige Zurückweisung des Antrags geboten ist, so hat das Grundbuchamt gemäß § 18 Abs. 1 GBO. dem Antragsteller eine angemessene Frist zur Behebung des Hindernisses zu bestimmen. Genügt die zunächst bestimmte Frist nicht, so kann sie auf Antrag oder von Amts wegen entsprechend verlängert werden.

Beratung der Beteiligten.

§ 70. (1) Das Grundbuchamt ist weder berechtigt noch verpflichtet, die für eine Eintragung erforderlichen Unterlagen von Amts wegen zu ergänzen.

Dagegen soll es die Antragsteller bei Beseitigung vorliegender Hindernisse beraten und unterstützen.

(2) Auch darüber hinaus wird sich das Grundbuchamt die sachgemäße Beratung der Beteiligten bei Ordnung ihrer Grundstücksverhältnisse angelegen sein lassen. Es gilt dies insbesondere von den Fragen, die mit der Zahlung des Kaufpreises für ihre Grundstücke zusammenhängen.

Eintragungsverfügung.

§ 71. (1) Die Verfügung über eine Eintragung hat das Grundbuchamt tunlichst bald zu treffen und unter Angabe des Tags und der vorzunehmenden Eintragungen in den Grundakten niederzulegen. An die Verfügung hat sich die Eintragung alsbald anzuschließen. Nach Vollziehung der Eintragung ist diese unter Angabe der Grundbuchstelle bei der Eintragungsverfügung zu vermerken.

(2) Die Vorschriften des Abs. 1 gelten auch für Eintragungen von Amts wegen.

3. Eintragungen.

Beurkundung.

§ 72. Abgesehen von den Verweisungen auf dem Titel und den tatsächlichen Angaben in den Spalten 1 bis 5 der Abteilung I ist jede Eintragung unter Beisetzung von Tag, Monat und Jahr des Vollzugs mit dem Familiennamen des Grundbuchbeamten zu unterzeichnen (§ 44 GBO.).

Äußere Form.

§ 73. (1) Die Eintragungen sind pünktlich und deutlich mit dauerhafter Tinte zu schreiben. Abkürzungen sind für die Regel zu vermeiden. Die Verwendung von Stempeln kann vom Justizministerium in besonderen Fällen zugelassen werden.

(2) Es darf nichts radiert und sonstwie unleserlich gemacht werden. Sind Richtigstellungen oder Verbesserungen notwendig, so sind sie in der Form von Nachträgen unter Löschung der zu berichtigenden Teile der Eintragung auszuführen.

(3) Bei der Fassung der Eintragungen ist auf eine genaue und kurze Ausdrucksweise und auf Weglassung überflüssiger Vermerke Bedacht zu nehmen.

Bezeichnung des Berechtigten.

§ 74. Rechte sind auf den Namen des Berechtigten selbst (vgl. § 34) einzutragen, nicht auf den Namen eines Vormunds, eines Inhabers der elterlichen Gewalt oder eines sonstigen gesetzlichen Vertreters. Nicht zu vermerken ist, ob der Berechtigte geschäftsunfähig oder in der Geschäftsfähigkeit beschränkt ist. Bei Minderjährigen kann der Geburtstag angegeben werden.

Verfügungsbeschränkungen.

§ 75. (1) Auf Gesetz oder gerichtlicher Anordnung beruhende Verfügungsbeschränkungen werden eingetragen, soweit sie zugunsten einer bestimmten Person wirken und damit zu ihrer Wirksamkeit gegenüber dem öffentlichen Glauben des Grundbuchs der Eintragung bedürfen (§ 892 Abs. 1 Satz 2 BGB.) oder soweit die Eintragung ausdrücklich vorgeschrieben ist (z. B. Veräußerungsverbote gemäß § 77 RVersorgungsges.).

(2) Verfügungsbeschränkungen, die sich aus dem ehelichen Güterrecht oder der elterlichen Nutznießung ergeben, werden nicht in das Grundbuch eingetragen.

Statutarische Nutznießung.

§ 76. Soweit die lebenslängliche (statutarische) Nutznießung des überlebenden Ehegatten Nachlaßgrundstücke umfaßt, enpfiehlt es sich, diese Nutznießung auf dem Titel des Grundbuchhefts zu vermerken.

Löschungen.

§ 77. (1) Eine Eintragung wird dadurch gelöscht, daß an der hierfür bestimmten Stelle ein Löschungsvermerk beigesetzt wird, zugleich ist die gelöschte Eintragung mit roter Tinte zu unterstreichen.

(2) Bei der Übertragung eines Grundstücks auf ein anderes Blatt kann die Löschung eines Rechts auch in der Weise vollzogen werden, daß dieses nicht mitübertragen wird (§ 46 Abs. 2 GBO.).

Rangverhältnis.

§ 78. Die erforderlichen Angaben über das Rangverhältnis mehrerer Rechte, mit denen ein Grundstück belastet ist (§ 879 Abs. 3 BGB., §§ 45, 17 GBO.), sind bei jedem der in Betracht kommenden Rechte einzutragen.

Rangvorbehalt.

§ 79. (1) Bei der Eintragung eines Rangvorbehalts nach § 881 BGB. ist für die Eintragung des vorbehaltenen Rechts kein Platz offen zu lassen; vielmehr wird das Recht, das zurücktreten soll, und das Recht, dem der Vorrang beigelegt ist, jeweils an der nächstoffenen Stelle des Grundbuchs unter gleichzeitigem Vermerk des Vorbehalts und des Vorrangs eingetragen.

(2) Wir von dem Rangvorbehalt Gebrauch gemacht, so ist der Rang bei dem vortretenden und dem zurücktretenden Recht einzutragen.

Übertragung einzelner Grundstücke.

§ 80. (1) Ist der Wechsel des Eigentums an einem Grundstück im Personalformular einzutragen, so sind die sämtlichen fortbestehenden, das Grundstück betreffenden Eintragungen der Abteilungen I, II und III unter Mitübertragung des ursprünglichen Eintragungstags der einzelnen Belastungen in das Grundbuchheft des Erwerbers mit neuer fortlaufender Nummer des Grundstücks einzutragen. Die Übertragungen in Abteilung III können auf die noch gültigen Teile beschränkt werden. Die Nichtübertragung eines fortbestehenden Rechts, die nach § 47 Abs. 2 GBO. dessen Löschung zur Folge hat, begründet die Verantwortlichkeit des Grundbuchbeamten. Bei der Veräußerung von Trennstücken kann die Einwilligung des Berechtigten in die Aufhebung einer Belastung durch ein Unschädlichkeitszeugnis nach Art. 38 AG.BGB. ersetzt werden.

(2) Die tatsächlichen Vermerke in Abteilung I Spalte 2 bis 5 sind nur insoweit zu übertragen als sie noch erheblich sind. In Spalte 2 ist die bisherige Stelle des Grundstücks und in Spalte 6 Zeit und Grund des neuen Erwerbs anzugeben.

(3) Daneben ist die bisherige Eintragung unter Vermerk der Übertragung und der neuen Grundbuchstelle zu löschen.

Übertragung mehrerer Grundstücke.

§ 81. (1) Gehen die sämtlichen nach dem Personalformular eingetragenen Grundstücke eines Eigentümers oder der größere Teil davon auf einen oder mehrere neue Erwerber über, so kann das bisherige Grundbuchheft unter entsprechender Änderung des Titels und des Umschlagbogens auf einen der Erwerber umgeschrieben werden. Soweit dieser die in dem Heft laufenden Grundstücke nicht erwirbt, sind sie daselbst zu löschen und je nach der Sachlage in die Grundbuchhefte der andern Erwerber oder des alten Eigentümers zu übertragen. In dem umgeschriebenen Heft sind in Abteilung I Spalte 6 und 7, soweit erforderlich, die bisherigen Vermerke zu löschen und die neuen Angaben einzutragen.

(2) Das Verfahren nach Abs. 1 ist nur zulässig, wenn für den Erwerber, für den das alte Grundbuchheft verwendet wird, noch kein Grundbuchheft besteht oder wenn die Umschreibung aus seinem bisherigen Grundbuchheft

eine Vereinfachung gegenüber der Übertragung der Grundstücke aus dem Grundbuchheft des Veräußerers bedeutet und wenn weiterhin die Übersichtlichkeit des Grundbuchs hierbei nicht notleidet.

(3) Das Verfahren nach Abs. 1 hat zu unterbleiben bei älteren, mit zahlreichen gelöschten Eintragungen belasteten Grundbuchheften.

(4) Die Führung mehrerer Grundbuchhefte für denselben Eigentümer ist in jedem Fall unzulässig.

Grundstücksübertragungen beim Realformular.

§ 82. Beim Realformular wird der Eigentumswechsel in der Weise eingetragen, daß in Abteilung I unter gleichzeitiger Beurkundung von Zeit und Grund des neuen Erwerbs in Spalte 6 der bisherige Eigentümer in Spalte 5 gelöscht und der neue Eigentümer daselbst eingetragen wird. Soweit erforderlich, ist auch in Spalte 7 ein neuer Vermerkt zu machen.

Aufgabe des Eigentums.

§ 83. Wird das Eigentum nach § 928 Abs. 1 BGB. aufgegeben, so ist der Verzicht in Spalte 9 der Abteilung I einzutragen und zugleich das Grundstück in ein nach dem Realformular zu führendes Grundbuchheft zu übertragen. In dieses Heft sind die sämtlichen herrenlosen Grundstücke des Grundbuchbezirks einzutragen. Dabei ist in Spalte 5 zu vermerken: „Infolge Verzicht des Eigentümers herrenlos geworden" und in Spalte 6 der Zeitpunkt des Verzichts und der Umschreibung zu beurkunden.

4. Löschung gegenstandsloser Eintragungen.

§§ 84, 85 *aufgehoben durch §§ 84—89 GBO.*

5. Nachträgliche Eintragung von Grundstücken.

§ 86 *aufgehoben durch §§ 7—16 AusfVO.*

6. Eintragung öffentlicher Gewässer und damit zusammenhängender Grundstücke und Anlagen.

§§ 87—90 *aufgehoben durch § 3 IIa GBO.*

7. Verfahren bei Ausstellung von Unschädlichkeitszeugnissen.

Antragsunterlagen.

§ 91. (1) In dem Antrag ist der Betrag der durch die Veräußerung des Trennstücks entstehenden Wertminderung anzugeben. Eine als Ausgleichung vorgeschlagene Rechtsänderung ist in dem Antrag näher darzulegen. Bei Abtretung zu einem öffentlichen Zweck muß sich der Antrag auch über eine Werterhöhung infolge der diesem Zweck dienenden Anlage aussprechen und den Zeitpunkt des Beginns der Ausführung der Anlage bezeichnen.

(2) Dem Antragsteller kann die Vorlegung grundbuchamtlicher Zeugnisse über das anderweitig zu belastende Grundstück, von Lageplänen oder anderen urkundlichen Belegen aufgegeben werden.

(3) Der Antrag kann auch auf Befreiung von Belastungen gerichtet sein, die nicht im Grundbuch eingetragen sind.

Ermittlungstätigkeit.

§ 92. (1) Den Berechtigten, von deren Rechten das Grundstück befreit werden soll, ist Gelegenheit zu geben, sich über den Antrag zu erklären, soweit sich hierdurch nicht das Verfahren erheblich verzögert oder unverhältnismäßige Kosten entstehen.

(2) Die Ermittlungen brauchen sich nicht auf die in dem Antrag bezeichneten Tatsachen und Beweismittel zu beschränken. Es kann ein Augenschein eingenommen, das Grundstück durch die Schätzungsbehörde oder durch be-

sondere Sachverständige geschätzt und namentlich bei Abtretung zu öffentlichen Zwecken eine andere Behörde gehört werden. Dabei darf die Höhe der hierdurch entstehenden Kosten nicht unberücksichtigt bleiben.

Erteilung der Unschädlichkeitszeugnisse.

§ 93. (1) Das Zeugnis kann nach dem beiliegenden Muster erteilt werden, soweit sich dieses für den Einzelfall eignet.

(2) Das Trennstück kann erst nach Rechtskraft des Unschädlichkeitszeugnisses angeschrieben werden. Das über die Rechtskraft zu erteilende Zeugnis ist zu den Grundakten zu bringen und die Erteilung in den Akten zu vermerken.

(3) Das Grundbuchamt hat vor der Eintragung im Grundbuch zu prüfen, ob in dem Unschädlichkeitszeugnis eine Ausgleichung festgesetzt und ob die festgesetzte Leistung durch öffentliche Urkunden nachgewiesen ist.

(4) Das Grundbuchamt hat die lastenfreie Abschreibung oder die Löschung der Belastungen dem Amtsgericht anzuzeigen zum Zweck der Ausfolgung des hinterlegten Betrages an die Berechtigten.

(5) Ob die Besitzer der in Art. 48 AG.BGB. bezeichneten Urkunden zur nachträglichen Vorlegung anzuhalten sind, hat das Grundbuchamt nach pflichtgemäßem Ermessen zu entscheiden; in der Regel wird, wenn die auf den Urkunden zu vermerkenden Änderungen nur untergeordneter Art sind, von dem Verlangen der Vorlegung abgesehen werden können.

8. Umschreibung unübersichtlicher Grundbuchhefte.

Voraussetzung.

§ 94. *Satz 1 aufgehoben durch § 28 GBVfg.* . . . . . Umschreibungen aus anderem Anlaß sowie Teilumschreibungen sind nur mit Genehmigung des Justizministeriums zulässig.

Ausführung.

§ 95. (1) *Aufgehoben durch § 29 GBVfg.*

(2) Gelöschte Eintragungen sind nur insoweit zu übernehmen, als dies zum Verständnis der noch gültigen Eintragungen erforderlich ist.

(3) Die Eintragungsvermerke sind in einer den gegenwärtigen Rechtsstand entsprechenden Zusammenfassung zu übernehmen. Gegenstandslos gewordene Teile einer Eintragung sind wegzulassen, soweit nicht besondere Gründe entgegenstehen. Bei den Rechten der II. und III. Abteilung ist der ursprüngliche Eintragungstag mitzuübertragen.

(4) Jeder übertragene Vermerk, dessen Unterzeichnung erforderlich ist, ist mit dem Zusatz „Umgeschrieben" zu versehen und unter Angabe des Tags der Umschreibung zu unterzeichnen. In dem umgeschriebenen Heft ist bei den Eintragungen der Abteilungen I bis III in den Löschungsspalten die Umschreibung unter Angabe der neuen Grundbuchstelle zu vermerken und das Heft selbst unter Hinweis auf die Umschreibung in das neue Grundbuchheft zu schließen.

Zuziehung der Beteiligten.

§ 96. (1) Die Beteiligten können schon während der Umschreibung zu einer Verhandlung geladen werden, insbesondere wenn eine Richtigstellung der umzuschreibenden Eintragungen in Frage kommt oder wenn sonstige Umstände vorliegen.

(2) Vor der Unterzeichnung der vorbereiteten neuen Einträge ist dem Eigentümer und den sonstigen Beteiligten Gelegenheit zur Einsicht des Grundbuchs zu geben. Zu diesem Zweck sind sie zu einem Termin zu laden. In der Ladung ist zu bemerken, daß die Abschriften des vorbereiteten neuen Grundbuchhefts gegen Ersatz der Schreibgebühren erteilt werden und daß auch schriftliche Einwendungen gegen die beabsichtigte Umschreibung erhoben werden können.

(3) Ein Zwang der Beteiligten zum Erscheinen findet nicht statt.

Richtigstellungen.

§ 97. (1) Vor der Unterzeichnung der umgeschriebenen Einträge sind Unrichtigkeiten oder Unvollständigkeiten der Umschreibung dadurch richtig zu stellen, daß die Übereinstimmung der Eintragungen des neuen Grundbuchhefts mit dem Inhalt des alten Grundbuchhefts hergestellt wird.

(2) Nach der Unterzeichnung ist eine Berichtigung der Eintragungen nur auf dem gesetzlich vorgesehenen Weg zulässig.

9. Bekanntmachungen. Zustellungen.

Bekanntmachung von Entscheidungen.

§ 98. Soweit Entscheidungen, die nicht in Anwesenheit der Beteiligten ergehen, bekannt zu machen sind, geschieht die Bekanntmachung schriftlich. In den Fällen §§ 77, 80 Abs. 3 GBO., Art. 2 AG.BGB., ist die Entscheidung dem Beschwerdeführer im Wortlaut mitzuteilen.

§ 99 *aufgehoben durch §§ 39—42 GBVfg.*

Zustellungen am Sitz der Behörde.

§ 100. (1) Am Sitz des Grundbuchamts werden Bekanntmachungen regelmäßig durch den Beamten des Hausdienstes gegen Empfangsbescheinigung unter Angabe des Tags der Zustellung bewirkt. Bei Verweigerung der Erteilung der Empfangsbescheinigung tritt an ihre Stelle die amtliche Beurkundung der Übergabe. Auf die Behändigung finden die Vorschriften der §§ 171 bis 173, 180 Abs. 1, §§ 181—184, 186—188 und 189 Abs. 1 ZPO. entsprechende Anwendung. Die Niederlegung im Falle des § 182 ZPO. findet bei dem Ortsvorsteher oder bei der Ortspolizeibehörde statt. Bei Ladungen und sonstigen Mitteilungen von mehr untergeordneter Bedeutung kann von einer Empfangsbescheinigung abgesehen werden.

(2) Von der Beförderung durch die Post kann namentlich in räumlich ausgedehnten Gemeinden Gebrauch gemacht werden. Hierbei soll regelmäßig die einfache Briefsendung und nur aus besonderen Gründen nach dem Ermessen des Grundbuchamts die Einschreibsendung gewählt werden. Einschreibsendung ist insbesondere angezeigt,

wenn der Antrag zurückgewiesen wird,
wenn wichtige Urkunden mit der Bekanntmachung zu übersenden sind,
bei Eitragungen gen von Amts wegen oder im Zwangsweg,
ferner wenn in der Bekanntmachung eine Frist gesetzt ist.

Im letzteren Fall empfiehlt es sich, den Tag des Ablaufs der Frist in die Verfügung selbst aufzunehmen, wodurch ein Rückschein entbehrlich wird.

(3) Tag und Art der Erledigung ist zu den Akten zu vermerken. Die Empfangsbescheinigung und bei Einschreibsendungen die Bescheinigungen der Post sind zu den Akten zu nehmen.

Zustellung außerhalb des Sitzes der Behörde.

§ 101. (1) Außerhalb des Sitzes der Behörde erfolgt die Bekanntmachung durch die Post. Aus besonderen Gründen kann auch die Ortsbehörde des Wohnorts oder Aufenthaltsorts um Behändigung durch den Amtsrichter ersucht werden. Auf diese Behändigung finden die Vorschriften in § 1000 entsprechende Anwendung.

(2) Eine Bekanntmachung im Ausland erfolgt entsprechend den Vorschriften des § 100 Abs. 2 durch die Post. Ausnahmsweise kann in besonders wichtigen Fällen durch Vermittlung des vorgesetzten Amtsgerichts auch eine Zustellung gemäß den §§ 199, 202 ZPO. herbeigeführt werden.

(3) Ist der Aufenthalt dessen, an den zugestellt werden soll, unbekannt, so genügt ein Aktenvermerk hierüber.

10. Hypotheken-, Grundschuld- und Rentenschuldbriefe.

§§ 102—114 *aufgehoben durch §§ 56—70 GBO., §§ 47—53 GBVfg.*

IV. Schlußbestimmungen.

Aufwertung.

§ 115. Die Eintragung der Aufwertung im Grundbuch ist geregelt durch die Verordnung vom 11. Dezember 1925 (Amtsbl. S. 142). Über die Löschung aufgewerteter Rechte, bei denen kein Antrag auf Eintragung der Aufwertung gestellt ist, der dem Eigentümer nach dem Aufwertungsgesetz zustehenden Rangvorbehalte und der mit der Aufwertung zusammenhängenden Widersprüche gibt das Gesetz über die Vereinigung der Grundbücher vom 18. Juli 1930 (RGBl. I S. 305) und die hierzu ergangene Verordnung vom 7. September 1931 (Amtsbl. S. 93) die näheren Vorschriften.

Bahngrundbuch.

§ 116. Für die Führung des Bahngrundbuchs sind die Vorschriften des Gesetzes, betreffend die Bahneinheiten, vom 23. März. 1906 (RegBl. S. 67) maßgebend. Durch Art. 308 AG.BGB. ist die Führung des Bahngrundbuchs auf das Grundbuchamt Stuttgart übergegangen. Unter Berücksichtigung dieser Änderung bleibt die Verfügung des Justizministeriums vom 30. März 1906, betreffend den Vollzug des Gesetzes über die Bahneinheiten (Amtsbl. S. 81) in Kraft.

Höferolle[1]).

§ 117. Die Höferolle wird nach Art. 2 des Gesetzes vom 14. Februar 1930 über das Anerbenrecht (RegBl. S. 5) von dem Grundbuchamt geführt, in dessen Bezirk das zu dem Grundbesitz gehörige Wohnhaus und bei dem Fehlen eines solchen der größere Teil der Besitzung liegt. Über die Führung der Höferolle gibt die Vollzugsverordnung vom 25. Februar 1930 (RegBl. S. 13) die nähere Anweisung.

Feldbereinigung.

§ 118. Für die Mitwirkung der Grundbuchämter bei Feldbereinigungen kommen in Betracht die Vollzugsverordnung des Wirtschaftsministeriums zum Feldbereinigungsgesetz und die Verfügung des Justizministeriums, betreffend die Berichtigung des Grundbuchs aus Anlaß einer Feldbereinigung, vom 7. Juni 1900 (RegBl. S. 452) und, betreffend die Bezüge der Grundbuchbeamten für Herstellung des Beteiligtenverzeichnisses und Führung des Änderungsverzeichnisses im Feldbereinigungsverfahren, vom 3. Februar 1902 (Amtsbl. S. 12)[2]).

Inkrafttreten.

§ 119. (1) Diese Verordnung tritt am 1. April 1932 in Kraft.

(2) Gleichzeitig treten die Verfügung, betreffend das Grundbuchwesen, vom 2. September 1899 (Amtsbl. S. 101) und die hierzu ergangenen abändernden Verfügungen, ferner die Verfügungen vom 18. Oktober 1901 (Amtsbl. S. 99), 5. April 1902 (Amtsbl. S. 21), 6. April 1903 (Amtsbl. S. 70) 21. April 1903 (Amtsbl. S. 72) 6. März 1905 (Amtsbl. S. 31), 27. Oktober 1905 (Amtsbl. S. 93), 2. Dezember 1905 (Amtsbl. S. 161), 21. Mai 1906 (Amtsbl. S. 126), 6. Juni 1906 (Amtsbl. S. 132), 7. März 1907 (Amtsbl. S. 71), 19. November 1909 (Amtsbl. S. 213), 11. Januar 1910 (Amtsbl. S. 1), 25. Juni 1910 (Amtsbl. S. 121), 27. Februar 1911 (Amtsbl. S. 85), 20. Oktober 1911 (Amtsbl. S. 519), 24. Januar 1912 (Amtsbl. S. 17), 12. August 1912 (Amtsbl. S. 133), 2. Januar 1913 (Amtsbl. S. 1), 17. Juli 1913 (Amtsbl. S. 702), 23. September 1914 (Amtsbl. S. 255), 23. Januar 1918 (Amtsbl. S. 2), 26. Januar 1920 (Amtsbl. S. 26), 23. März 1921 (Amtsbl. S. 87), 5. Mai 1922 (Amtsbl. S. 195), 18. Mai 1923 (Amtsbl. S. 110),

---

[1]) Ob das Anerbenrecht entsprechend Art. 2 des KontrR.Ges. Nr. 45 wieder eingeführt wird, ist zur Zeit für Südwürttemberg noch nicht entschieden. In Nordwürtemberg ist durch § 1 der VO. Nr. 166 vom 16. 7. 1947 (RegBl. 63) das Gesetz über das Anerbenrecht vom 14. 2. 1930 (Reg.-Bl. 5) nebst Durchführungsvorschriften wieder eingeführt. Übergangsbestimmungen enthalten §§ 2 bis 6 der VO. Nr. 166 und §§ 2—4 der VO. Nr. 235 vom 21. 8. 1947 (RegBl. 108).

[2]) vgl. dazu §§ 84—89, 155, 156 Reichsumlegungsverordnung vom 16. 6. 1937 (RGBl I 629).

6. Dezember 1923 (Amtsbl. S. 213), 8. Januar 1924 (Amtsbl. S. 63) und 8. Oktober 1931 (Amtsbl. S. 102) außer Kraft.

Stuttgart, den 8. Februar 1932. Beyerle.

Anlage 4.

Der Oberlandesgerichtspräsident
Nr. I 2324.

Stuttgart-S, den 29. Februar 1936.
Schillerplatz 4.

An die Amtsgerichte.

Betreff: **Einführung des neuen Grundbuchvordrucks.**

0 Beil.: (— Abdr.)

Nach einem Erlaß des Herrn Reichsministers der Justiz vom 25. Februar 1936 Nr. IVb 3494 wird gemäß § 67 Abs. 1 der Grundbuchverfügung vom 8. August 1935 für den Bezirk des Oberlandesgerichts Stuttgart bis auf weiteres die Weiterverwendung der bisher dort geführten Vordrucke zugelassen. Demgemäß sind insolange auch neue Grundbuchblätter unter Benutzung der alten Vordrucke anzulegen. Bis zur Umschreibung der hiernach einstweilen weiterzuführenden bisherigen Grundbücher ist § 68 der Grundbuchverfügung mit der Maßgabe anzuwenden, daß im Falle des § 68 S. 2 die bisherigen Grundbuchvordrucke auch zur Anlegung des umzuschreibenden Blattes Verwendung finden. Nach § 68 S. 1 der Grundbuchverfügung sind auch die bisherigen landesrechtlichen Vorschriften über die Nummerbezeichnungen und die Eintragungen im Grundbuch weiterhin anzuwenden. § 68 S. 2 daselbst verbietet jedoch künftig auch in Württemberg ein Grundbuchblatt, das für Neueintragungen schlechthin oder auch nur in einer Abteilung keinen Raum mehr bietet, an einer anderen Stelle des Blattes oder in einem anderen Grundbuchheft fortzusetzen. Vielmehr ist ein derartiges Blatt in jedem Fall umzuschreiben. Dies hat unter Benutzung des alten Vordrucks zu geschehen, solange die Führung des neuen Vordrucks noch nicht vorgeschrieben ist. Nach § 66 Abs. 1 der Grundbuchverfügung bleibt es insolange auch bei der Führung des Grundbuchs in Einzelheften. Auch für die sachliche Zuständigkeit des Grundbuchbeamten bleiben gemäß § 19 der Verordnung zur Ausführung der Grundbuchordnung vom 8. August 1935 (RGBl. I S. 1089) einstweilen noch die bisherigen Vorschriften weiter maßgebend.

Dieser Erlaß ist den Bezirksnotaren und Hilfsnotaren des Bezirks bekanntzugeben.

Anlage 5.

Staatssekretariat
Landesdirektion der Justiz.
Nr. 3850 — 1/86

Tübingen, den 18. Juli 1947.

An sämtliche Gerichte

Betrifft: **Anwendung des Gesetzes Nr. 52 der Militärregierung im Grundstücksverkehr.**

Die mit Weisung vom 19. Februar 1946 Nr. 9133 k II — 6/5 und vom 20. März 1947 Nr. 3850 — 1/42 bekanntgegebenen Anweisungen Nr. 5 und 6 der Militärregierung — Generaldirektion der Wirtschaft und Finanzen — über den Grundstücksverkehr sind durch folgende Vorschriften ersetzt worden:

I. Grundsätzliche Regelung.

Es ist zu unterscheiden, ob ein Rechtsgeschäft, das die Begründung oder Änderung eines Rechts an einem Grundstück zum Gegenstand hat,

1. sich auf Personen oder Vermögenswerte bezieht, die nicht vom Gesetz 52 betroffen sind, oder
2. ob das Gesetz 52 Anwendung findet.

II. Nicht vom Gesetz 52 betroffene Grundstücksgeschäfte.

Für den Fall, daß ein derartiges Grundstücksgeschäft nur Personen oder Vermögenswerte betrifft, die nicht dem Gesetz 52 unterliegen, ist zu einer Eintragung in das Grundbuch in Zukunft eine Genehmigung einer französischen oder einer deutschen Dienststelle der Vermögenskontrolle nicht mehr erforderlich.

Zum Nachweis dafür, daß weder eine der beteiligten Personen noch das Grundstück oder Recht vom Gesetz 52 betroffen wird, genügt eine ausdrückliche Erklärung sämtlicher Beteiligten. Diese Erklärung muß am Schluß der Urkunde stehen. Falls begründete Zweifel an der Richtigkeit dieser Erklärung bestehen, hat der Grundbuchbeamte vor der Eintragung der beantragten Rechtsänderung in das Grundbuch bezw. der Notar usw. vor seiner Mitwirkung bei der Beurkundung oder Beglaubigung der zur Eintragung erforderlichen Erklärungen die Stellungnahme des Leiters des Kreisamts für Vermögenskontrolle herbeizuführen.

III. Vom Gesetz 52 betroffene Grundstücksgeschäfte.

Wenn hingegen das Grundstücksgeschäft Personen oder Vermögenswerte betrifft, die unter das Gesetz 52 fallen, so ist nach wie vor in jedem Fall — abgesehen von reinen Grundbuchberichtigungen, durch die der Sperrvermerk in keiner Weise berührt wird — eine Genehmigung der Vermögenskontrolle erforderlich.

Die Genehmigung ist unter eingehender Begründung bei dem Leiter des Kreisamts für Vermögenskontrolle, in dessen Bezirk das betroffene Grundstück liegt, zu beantragen. In Zweifelsfällen, z. B. wenn ein Grundstücksgeschäft mehrere Kreisämter betrifft, entscheidet über die Zuständigkeit für die Bearbeitung die Abt. Vermögenskontrolle. Wenn der Wert des Rechtsgeschäfts 10 000 *RM* übersteigt, ist der Antrag in dreifacher Fertigung mit einer französischen Übersetzung einzureichen, sonst genügt Einreichung des Antrags in zweifacher Fertigung in deutscher Sprache. Die einschlägigen schriftlichen Unterlagen, Vertragsurkunde, Unbedenklichkeitsbescheinigung der Preisbehörde, Genehmigung nach der Grundstücksverkehrsbescheinigung der Preisbehörde, Genehmigung nach der Grundstücksverkehrsbekanntmachung usw.), sind beizufügen.

IV. Beurkundung der Erklärungen.

Jede beurkundende Person, die eine zur Erzielung einer Grundbucheintragung bestimmte Erklärung beurkundet, oder eine Unterschrift unter einer solchen Erklärung beglaubigt, hat dafür zu sorgen, daß eine Erklärung darüber, ob ein Beteiligter oder das vom Rechtsgeschäft betroffene Grundstück oder Recht vom Gesetz 52 erfaßt wird oder nicht, in die Urkunde aufgenommen wird.

Wenn dem Grundbuchbeamten Eintragungsanträge vorgelegt werden, die diese Erklärung nicht enthalten oder wenn nicht gleichzeitig die Genehmigung der Vermögenskontrolle nachgewiesen wird, dann hat der Grundbuchbeamte durch Zwischenverfügung die Nachbringung der Erklärung oder der Genehmigung unter Festsetzung der hierfür unbedingt erforderlichen Frist zu verlangen.

Wenn eine Eintragung ohne Mitwirkung des Eigentümers zu erfolgen hat, hat der Antragsteller oder die ersuchende Behörde, die auf dem Grundstückseigentümer sich beziehende Erklärung abzugeben.

V. Kosten.

Wird die Erklärung, daß weder die Beteiligten noch das den Gegenstand des Rechtsgeschäfts bildende Vermögensrecht unter Gesetz 52 fallen, in die Bewilligung oder in den Eintragungsantrag aufgenommen, dann ist für sie keine besondere Gebühr zu erheben (gebührenfreies Nebengeschäft). Dasselbe gilt, wenn diese Erklärung von dem Urkundsorgan beurkundet oder nachträglich beglaubigt wird, das die als Eintragungsunterlage erforderlichen Erklärungen beurkundet oder beglaubigt hat. Wird die Erklärung von einem anderen Urkundsorgan beurkundet oder beglaubigt, dann ist für sie ohne Rücksicht auf den Geschäftswert eine Gebühr von 2 *RM* zu erheben.

Die Erledigung sämtlicher von der Vermögenskontrolle gestellten Anträge erfolgt gebühren- und auslagenfrei.

VI.

Die Amtsgerichte sorgen für Ausfolge eines Abdrucks dieser Weisung an alle Grundbuchbeamten, sowie an die in ihrem Bezirk bestellten öffentlichen Notare.

FSC
www.fsc.org
MIX
Papier | Fördert gute Waldnutzung
FSC® C083411

Kolibri 360 GmbH
Ferdinand-Jühlke-Straße 7
99095 Erfurt, Deutschland
produktsicherheit@kolibri360.de